주식 불끈봉
비법서

불꾼봉
비법서

조홍서 지음

두드림미디어

"하던 일이 막히면 사람이 많이 모이는 곳에 가보라"

돈을 벌고 싶다면 무엇보다 먼저 운을 벌어야 합니다. 운을 벌려면 운이 모이는 곳에 가는 것이 한 가지 방법입니다. 운이 모이는 곳은 극장, 쇼핑몰, 유명한 음식점 등 사람이 많이 모이는 곳인데, 이곳에 가서 시대의 흐름을 느끼고 호흡을 하면 기운을 받을 수가 있습니다. 반면 혼자 있거나 방구석에서 나오지 않고 혼밥만 한다면 운뿐만 아니라 절대 돈도 들어오지 않을 것입니다. 그래서 저는 뚜렷한 목적도 없이 사람이 많이 모이는 곳에 가서 운을 버는 행동을 자주 하곤 합니다.

또한 이 시대의 이기(利器)를 보고 만지고 사용해 시대의 흐름을 몸에 익혀야 앞서가는 리더가 되어 운도 들어온다고 믿고 있습니다. 이 글을 쓰는 지금, 저는 핸드폰을 손가락으로 눌러 글을 적는 것이 아니라 핸드폰용 키보드를 사서 아주 쉽게 글을 쓰고 있습니다. 언젠가 주말에 여의도 대형쇼핑몰 안에 있는 서점의 전자제품 액세서리를 파는 코너에서 신기하고 예쁘게 생겨서 산 키보드인데, 과거에 출판한 3권의 책 모두 이 키보드를 사용해서 원고를 썼습니다.

저는 호기심이 유난히 많습니다. 새로운 것을 보면 그것을 분석하고 연구한 후, 많은 돈과 시간을 들여 결국 내 것으로 만들어야 속이 시원하고, 무엇인가 얻은 것 같은 희열을 느낍니다. 그러한 제 호기심 탓에 불끈봉도 탄생했고, 웬만한 투자자들은 암암리에 이 비법서를 손에 넣어 도움을 받아 수익을 올리고 있습니다.

여러분들! 주말에는 꼭 사람이 많이 모이는 곳에 가보도록 하세요. 보통 종교 장소에는 많은 사람이 모이니, 종교 활동을 하는 것도 하나의 방법이 될 것입니다. '일생에 누구를 만나는가?' 하는 문제는 너무나 중요한 일인데, 그렇게 하다 보면 좋은 사람을 만나게 될 것입니다. 좋은 사람을 만나 서로 생명력과 우정을 나눠 일생의 친구가 되어보면 좋은 일들이 많이 들어올 것입니다.

자본주의 사회에서 주식 투자야말로 합법적으로 큰돈을 벌 수 있는 거의 유일한 방법입니다. 재테크로서 최고의 대안이기에 직장인, 퇴직자라면 더욱 주식 투자를 해야 합니다. 그런데 주식 투자도 하나의 사업이기 때문에 실전 노하우가 정말 중요합니다. 기본기나 노하우 없이 투자한다면 바로 시행착오를 겪고, 손실로 이어지기 때문에 주식 투자를 할 때는 공부와 노하우가 꼭 필요합니다.

제가 가르치는 매매법은 눌림목 매매입니다. 저항선을 뚫을 만큼 강력한 매수 세력이 저항선을 돌파한 후, 눌림목에서 매수 타점을 잡는 것입니다. 물론 지지와 저항이 기본 이론이지만, 이동평균선에 의존하는 후행성 매매 기법이 아닙니다. 세력의 기본 매수 원가를 산정해서 매수 포인트를 잡는 것이 핵심입니다.

눌림목 매매는 상승했다가 밀리는 종목을 매매하는 것이 아닌, 강력한 상승의 힘이 있는 종목을 매매하는 것입니다. 주식으로 돈을 벌려면 거래량이 폭증하고 저항선을 돌파한 강한 놈, 힘 좋은 놈을 선택해야 합니다. 앞으로 이 책에서는 강한 저항선을 힘차게 돌파하고, 눌림을 형성하는 종목을 찾아 매매하는 방법을 알려드릴 것입니다.

주식으로 돈을 벌지 못하는 이유는 바로 이 핵심이 되는 노하우를 몰라서 힘없이 밀리는 잡주만을 찾아 이상한 매매를 하기 때문입니다. 저항선은 길게 봐야 합니다. 또한 주식으로 돈을 벌지 못했던 이유 중 하나는 단시간에 시중에 나와 있는 주식 관련 책으로만 공부했기 때문일 것입니다. 단시간의 연구나 시중의 주식 관련 책만으로는 이런 노하우들을 정확하게 습득할 수 없습니다. 진정한 노하우를 공개하지 않기 때문입니다.

긴 세월 동안 투자를 하면서 하수와 고수의 차이가 있음을 알게 되었습니다. 고수는 자신 혼자서 문제를 해결하지 않고, 물어보는 것을 두려워하지 않습니다. 멘토와 협력합니다. 이 부분에 진정한 노하우가 있습니다. 항간에는 일반 개인 투자자는 주식으로 절대 돈을 벌 수가 없다고 이야기되고 있지만, 이는 주식의 진정한 노하우를 모르기에 시행착오만 겪다가 시장에서 도태되기 때문입니다.

매수 가격과 매도 가격, 시점, 종목 선정의 노하우, 시장의 뉴스, 테마 및 호재 등 기본적 분석, 기술적 분석 그리고 심리적 분석 등을 배운다면, 새로운 세계에 눈을 뜨게 될 것입니다. 앞으로 이 책에서 성공하는 매매 기법인 '불끈봉'을 알려드릴 테니 천천히 따라와 주시면 됩니다.

'쌀사비팔빼', 이것은 '쌀 때 사고 비쌀 때 팔고 수익이 나면 바로 빼라'라는 말의 약자입니다. '거래의 신'인 일본 에도 시대 천하 제일 갑부인 혼마 무네히사(本間宗久)가 쓴 책의 내용을 줄여서 말하는 약자이니, 이 말을 소리로 기억하시고 항상 반추하며 매매에 임하시길 바랍니다.

거래를 하다 보면 강하게 상승하는 분봉에서 단타 매매를 할 때 숨을 고르며 조정을 하는 시간이 반드시 옵니다. 계속 상승한다면 너무 상승한다는 두려움으로 매수세가 더 이상 들어오지 않기에 주가는 떨어집니다. 상승 후에 쉬어가는 구간을 공략하는 것이 제가 알려드리는 매매 기법의 핵심입니다.

일봉상 롱바디 장대양봉인 '불끈봉'에서 압도적인 거래량을 동반해 상승 후, 조정되는 날에 단타 매매 및 종가 매매에 대한 거래를 알려드릴 것입니다. 이 거래의 특성이나 속성, 매매 패턴을 알아야만 매매에 성공할 수가 있습니다.

| 불끈봉의 6가지 매매 기법 |

1. 불끈봉
2. 오전에 끝내는 단타 중의 초 단타, 시초가 단타 매매(상단, 중단)
3. 점심시간을 이용한 30분 불끈봉 매매
4. 시간 없는 주린이를 위한 종가 단타 매매(상단, 중단)
5. 주식 투자의 승부사, 스윙 매매
6. 투자가 간편해지는 조건 검색식 매매

이것은 앞으로 알려드릴 매매 기법의 종류입니다. 모든 종목에 적용되는 것이 아닌, 일정한 조건에 맞는 종목만이 이 패턴들로 매매되기 때문에 체계적인 교육이 필요합니다. 또한 눌림목은 추세의 하락이 아니기 때문에 상승하다가 하락한다고 덜컥 매수한다면, 이는 크나큰 손실로 이어지므로 한번 배우면 평생을 써먹을 수 있는 '불끈봉 매매 기법'을 익혀 투자에 임하도록 합시다.

매매에서 무엇보다 중요한 것은 기다림과 중지입니다. 일봉상 장대양봉인 '불끈봉'이 더욱 강한 상승을 하기 위해 숨을 고르는 구간을 눌림목이라고 하는데, 선수들은 이 눌림목의 구간만을 기다리며 잠시 정지합니다. 이 구간이 비로소 수익을 낼 수 있는 확실한 매수 타점이기 때문입니다. 절대로 일봉상 불끈봉의 센터(중심선, C)를 깨고 내려오는 놈은 건드려서는 안 됩니다. 이것은 눌림목이 아닌 추세의 하락이기 때문입니다.

또한, 11시부터 1시까지는 세력도 쉬는 시간입니다. 그래서 농담 반 진담 반으로 이 시간에 매매하는 분을 주식의 주 자도 모른다고 합니다. 기다림과 중지, 그리고 쉬는 시간만 잘 지켜도 지금보다 수익이 더 잘 나오는 매매를 하실 수 있을 것입니다.

강한 상승을 한 종목이 추가 상승하기 전에 잠시 쉬어가는 구간인 눌림목을 찾는 법을 배워서 100세 시대에 정년이 없는 전업 트레이더에 도전해보세요. 추가적으로 외바닥, 쌍바닥, 삼중바닥을 찍고 상승을 준비하는 순간에 매수하는, 매와 같은 눈을 만드는 훈련을 받는다면 진정한 '쌀사비팔빼 맨'이 될 수 있을 것입니다.

'내가 사면 상투, 팔고 나면 바닥', 이와 같은 거래를 하게 만드는 요인이 무엇일까요? 주가가 하락할 때는 끊임없이 하락할 것 같아서 매수할 용기가 절대로 나지 않습니다. 그리고 상승할 때는 계속 오를 것 같아서 빨리 매수하지 않으면 다시는 그 가격에 살 수 없을 것 같습니다.

이것은 모두 불안한 마음이 원인입니다. 이 불안한 마음은 거래량을 보지 않고 가격만을 보고 매수하기 때문에 생깁니다. 초보 때, 상투에서 매수하고 바닥에서 매도하는 거꾸로 투자만 하게 되는 이유입니다. 또한, 세력은 개인 투자자가 반드시 매도할 수밖에 없는 상황을 만들어 흔듭니다. 그리고 고점에서 살 수밖에 없는 상황도 만듭니다.

그래서 거래량 차트와 매수 및 매도 호가 잔량의 차이, 그리고 분봉상 생명선인 20일선의 움직임을 정확히 파악한 상태에서 매수와 매도를 해야 합니다. 특히 단타 매매를 하는 트레이더는 더욱 이 부분을 정확히 파악한 후에 매매에 임해야 합니다. 호가 잔량의 변화,

주식 불끈봉 비법서

분봉상 20일선의 위치, 양봉과 거래량의 변화를 매와 같은 눈으로 지켜보는 훈련을 반드시 하도록 합시다.

또한, 매수 후 자신의 방향과 다른 방향으로 움직일 때를 대비해서 자금의 분배, 즉 매수할 자금의 30%, 30%, 40%의 원칙인 334법칙, '심심사(334)' 법칙을 기억하세요! 언제나 '심심사'입니다. 그리고 이익이 나서 매도할 때나, 조금 욕심을 부릴 때도 '235법칙(2%, 3%. 5%)'을 기억해서 매도하세요.

> **매수는 "334"**
> **매도는 "235"**

다음 4가지 프로세스는 이 책에서 가르쳐주는 불끈봉 매매의 핵심 체크 포인트입니다.

| 불끈봉 매매의 4가지 프로세스 |

1. 장 마감 후 시세 분석에서 상한가 및 상승률 20% 이상 종목 선정
2. 불끈봉 4가지 조건
3. 부실 징후 제거 9가지 조건
4. 뉴스, 테마 및 호재 검색

이 책을 읽고 계신 독자 여러분! 이제는 늘 다니던 곳만 가는 것이 아닌, 자신의 바운더리에서 벗어나서 사람을 만나보세요. 늘 노는 곳에서만 논다면 그냥 그렇게 변화 없이 살아갈 수밖에 없을 것입니다. 앞서 말씀드렸다시피 밖으로 다녀야 운이 들어오기 때문입니다.

돈과 운은 전기가 전깃줄을 통해서 흐르듯이, 사람을 통해서 흐르기에 이 같은 흐름을 단절시키지 않으려면 사람을 만나야 합니다. 즉, 공부를 통해서 만나는 동료들과의 교류는 운을 버는 하나의 행동이 되는 것입니다. 인연을 귀하게 여기고, 사람을 통해서 인생의 고립으로부터 탈피해가는 전환점을 맞이하시길 바랍니다.

혼자서 지내는 시간이 많은 사람은 반드시 실패를 맛볼 수밖에 없습니다. 운과 돈은 사람을 통해서 얻어지므로 사람을 만나는 시간에 투자를 많이 해야 합니다.

앞으로 저의 바람은 부동산, 비상장 주식, 상장 주식 등 재테크의 많은 부분을 함께 공부할 동지나 친구를 만들어 운과 돈을 벌고, 나아가 기부도 하는 것입니다. 또한, 국내외 여행, 크루즈 여행 등을 함께할 동지들을 찾고 싶습니다.

보통 바쁘고 정신없이 생활해야 인생에서 성공하고 돈도 잘 벌 수 있다고 생각합니다. 그런데 그렇게 해서 돈이 잘 벌리고, 하고자 하는 소망을 모두 이루며 살아왔는지 생각해본다면 절대 그렇지 않음을 알 수 있을 것입니다.

사람은 자유로운 시간을 많이 가져야 발전할 수가 있습니다. 자유로운 시간만이 생각할 수 있는 창조적인 시간이기 때문입니다. 일을 마치고 바로 앞도 안 보고 귀가하는 것은 나의 앞길을 막고 운을 막는 길입니다. 조금 시간을 내서 해보지 않은 일을 하거나 친구, 동료와의 교류를 통해서 운을 버는 인맥 경영에 시간을 투자합시다.

운에 대해 생각하지 않은 사람조차도 가끔은 자신의 운이 좋아지기를 기대합니다. 운은 바로 행운입니다.

제가 주식 장중에 '굿럭(GOOD LUCK)~^^'이라는 표현을 많이 쓰는 것도 실은 행운을 빌어주는 희망의 퍼포먼스입니다. 행운에 대한 기대는 인간이 바라는 공통된 심리이기에 서로 행운을 빌어준다면 이 세상은 향기로운 세상이 될 것입니다. 인간은 돈이 없어도 살 수가 있지만, 희망이 사라지면 살 수가 없는 동물이기에 항상 서로 희망을 선물하며 인생의 친구가 되어주어야 합니다. 다시 한번 말하지만 혼자 있기를 즐기거나 사람이 많이 모이는 것을 싫어하는 분들은 운을 발로 차는 행동을 하는 것입니다.

많은 사람과 함께해 좋은 기운과 에너지를 공급받고 서로가 도움을 주는 귀인이 되어주고, 좋은 습관을 갖고 좋은 버릇을 습득해서 운을 개척하는 훈련을 하고, 독서도 하고 좋은 영화도 보며 문화적인 지식을 축적해 나의 인생을 풍요롭게 만들도록 해야 합니다.

함께 공부하며, 돈을 버는 기술을 배워 서로가 서로에게 힘과 용기를 주는 동반자가 되도록 격려하고 용기를 준다면, 현실이 조금 힘들더라도 점점 더 나아지는 것을 느끼실 것입니다.

저는 15년 전부터 어떤 일이 벌어지면 하루에도 몇 번씩 속으로 '감감축'이라고 읊습니다.

이는
1. 감사합니다.
2. 감사합니다.
3. 축복합니다의 약자입니다.

'감감축'

1. 나에게 이 같은 (일)이 일어나게 해주셔서 감사합니다.
2. 이 같은 (일)이 비록 나에게 큰 실망과 아픔을 주었지만 그럼에
   도 불구하고 감사합니다.
3. 나에게 이 같은 일이 벌어지도록 한 ○○(이름)을 축복해주십시오.

속으로 이렇게 계속 말합니다.

이 주문과 같은 '감감축'이 저의 인생을 긍정의 에너지로 변화시켜
왔고, 고통을 이기는 엄청난 힘이 되어주었습니다.

평소에 부정적인 생각을 많이 하는 분은 한번 실천해보세요. 속으
로 '감감축'을 외쳐보세요. 엄청난 긍정과 극복의 에너지를 느낄 것
입니다. 작은 것 하나에도 '진심으로 감사합니다. 고맙습니다'를 말
하며 살아가 봅시다. 그러면 행운이 나에게 자연스럽게 다가옴을 느
낄 수가 있습니다.

운이 없다고 생각할 때 '어떻게 이 같은 시기를 헤쳐나가야 하는
가?'라는 문제에 대해서 생각해보았습니다. 살면서 불운한 사람은
계속 불운하고, 행운이 있는 사람은 계속 행운이 따르는 경우가 많

음을 볼 수가 있습니다. 불운의 틀에서 벗어나려면 엄청난 노력이 필요합니다.

불운에서 벗어나는 방법, 그중에서도 바로 행동할 수 있고 효과가 좋은 방법을 소개해드립니다. 평상시에 입지 않는 스타일의 옷으로 한번 바꿔 입는 것에 도전해보세요. 간단히 양복의 핏을 젊은 스타일로 바꾼다든지, 운동화를 신고 청바지를 입는 등 평소에 입지 않는 스타일의 옷으로 바꿔보세요. 머리 스타일도 젤을 바른다든가 평생 한 번도 하지 않은 스타일로 바꿔보세요. 이건희 회장도 과거에 "마누라 빼고 모두 바꿔라"라고 말한 후, 삼성은 정말 큰 성공을 이루었습니다. 이같이 변화는 불운을 바꾸는 큰 힘이 될 것입니다.

여기에 한 가지를 더하면, 말을 적게 해야 합니다. 말이 많은 사람은 행운이 피해갑니다. 저는 살면서 어떤 좋은 상황과 결과를 타인에게 말하면 제 의지와 상관없이 그 진행에 불운이 생겨 나쁜 쪽으로 변하는 이상한 현상들이 생기곤 하는 것을 여러 번 경험해왔습니다. 그러니 현재 운이 좋은 분들도 말을 조심하고, 자신에게 들어온 행운이나 좋은 결과를 절대 자랑하지 마세요. 바로 그 운은 사라집니다. 그래서 사람은 입을 조심해야 합니다. 하늘은 기뻐만 하고 교만한 사람을 잘 도와주지 않습니다. 말이 많은 것도 기뻐하는 행동입니다. 그러므로 자신이 불운하고 어려운 시기라면 더욱 입을 닫고 변화를 주어야 합니다.

자, 이제 정리하기에 앞서 이 책의 마지막 챕터에서는 유료인 불끈봉 동영상 강의 1강과 2강을 무료로 공개하고 있으니, 수식을 통해서 분봉 및 일봉상 차트에 라인을 만든 후, 지지와 저항, 그리고 눌림목 매수 타점을 매매에 직관적으로 적용하는 방법을 꼭 익혀두시길 바랍니다.

이 책과 함께 여러분이 성공적인 투자를 하시길 늘 응원하겠습니다.

불끈봉(조홍서)

차례

Chapter 1 '불끈봉'이란 무엇인가요?

Chapter 2 시초가 단타 매매

'불끈봉'이란
무엇인가요?

불끈봉의
4가지 조건

'불끈봉'은 대량의 압도적인 매수세가 올라온 날의 빨간 롱바디 불기둥의 장대양봉을 지칭하는 말입니다. 우리가 지금부터 하는 모든 매매는 일봉상 바디의 몸통 크기가 최소 20% 이상인(상한가 30% 종목도 가능) 시장에서 아주 센 놈만을 거래하는 것입니다.

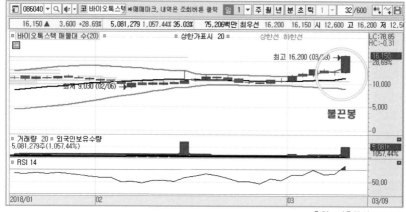

출처 : 키움증권(이하 동일)

앞의 차트에서 바이오톡스텍의 몸통의 크기는 약 29%입니다. 상한가에 가까운 놈입니다. 세지요! 이 같은 종목을 매수하는 것입니다.

1일 거래대금은 최소 500억 원 이상인 종목을 선정합니다. 그리고 거래량은 평균 거래량의 1,000% 이상 상승 시 선정하며, 회사의 시가총액은 최소 500억 원 이상인 것을 선정합니다.

정리하면 다음 4가지 사항이 불끈봉의 조건입니다. 기억하세요.

1. 바디의 몸통 크기가 최소 20%
2. 거래대금 최소 500억 원 이상
3. 평균 거래량의 1,000% 이상
4. 시가총액 최소 500억 원 이상

이제 화끈하게 탑 시크릿인 이 4가지 조건에 해당하는 불끈봉을 찾는 방법을 알려드리겠습니다.

먼저, 키움증권 HTS인 영웅문의 화면에서 좌측 최상단 코너를 보면 검색란이 있습니다. 이곳에 숫자 2000을 넣으면 '주식 종합' 화면이 팝업으로 나타나게 됩니다.

2000번 화면이 나타나면 바로 우측의 시세 분석란으로 이동합니다.

오후 3시 30분 이후, 장을 마친 후에 1번 조건에 해당하는 '바디의 몸통 크기가 최소 20%'인 종목을 찾는 방법입니다.

먼저 아래의 2000번 '주식 종합' 화면의 우측 상단의 '시세 분석'을 열어서 상한 및 상승으로 한 번씩 이동시켜 그날 상한가인 종목과 20% 이상 상승한 종목을 관심 종목에 입력합니다.

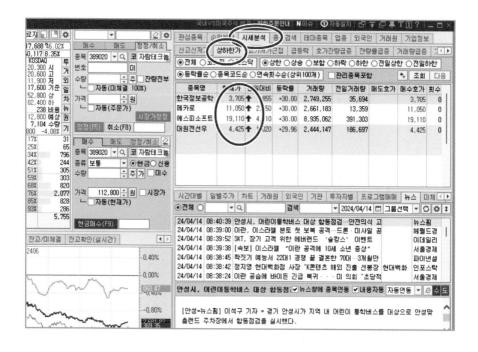

시세 분석에서 상한가인 종목을 살펴보면 한국정보공학 등 4종목이 있습니다.

일단 관심 종목으로 4종목을 이동시킵니다. 그리고 바로 옆의 상승란으로 이동시켜서 상승 순위별로 20% 이상인 종목이 나타나면이 종목들도 우선 모두 관심 종목으로 이동시킵니다. 이것이 일단장을 마친 후에 20% 이상인 종목을 발굴하기 위해서 우선적으로 하는 행동입니다.

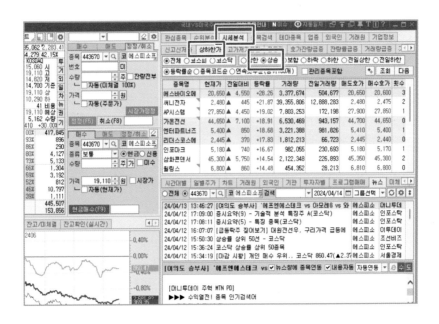

이처럼 항상 장을 마친 후에는 시세 분석란에서 그날 20% 이상 상승한 종목부터 찾습니다. 20% 이상 상승한 종목은 모두 6종목입니다. 이 종목들도 모두 관심 종목에 입력시킵니다.

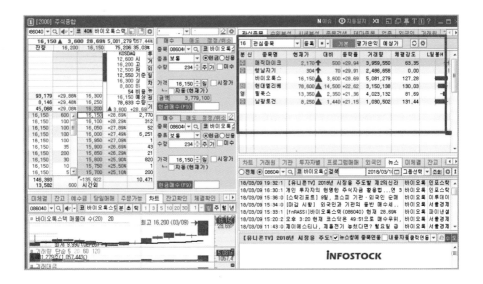

그래서 총 6종목을 관심 종목에 등록했습니다. 관심 종목에 입력시키는 방법은 2000번 화면에서 종목명에 마우스를 올리고 우측 마우스를 클릭하면 '관심 종목 설정'이 나옵니다.

이것을 마우스로 누르면 관심 종목에 등록하는 팝업창이 나와서 그곳에 이동시키면 위의 자료와 같이 관심 종목에 등록을 할 수가 있습니다(여기 예시를 든 6종목 중에는 회사명이 현재 검색되지 않는 종목도 있으니 차트에서 그날그날 검색되는 종목을 찾아서 스터디하세요).

다음은 2번 조건인, '거래대금 최소 500억 원 이상'인 종목을 찾는 방법입니다.

아래의 0606번 '자동일지차트' 화면의 빨간 박스 부분을 보면 752
억 원으로 표시된 것을 알 수 있습니다.

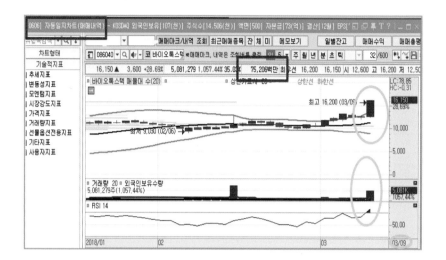

이와 같은 방법으로 나머지 5종목의 그날 거래대금을 찾아보면,
매직마이크로(83억 원), 행남자기(7억 5,000만 원), 바이오톡스텍(752
억 원), 현대엘리베이터(2,379억 원), 필룩스(517억 원), 남광토건(81
억 원)입니다.

2번 조건에 해당하는 '거래대금 500억 원 이상인 종목'을 선정해
보면 바이오톡스텍(752억 원)과 현대엘리베이터(2,379억 원), 2종목
으로 압축되었습니다. 그럼 나머지 종목 4개는 관심 종목에서 삭제
하고, 일단 다음과 같이 관심 종목을 2개만 남깁니다(필룩스는 종목
이 많아 선정에서 제외했습니다).

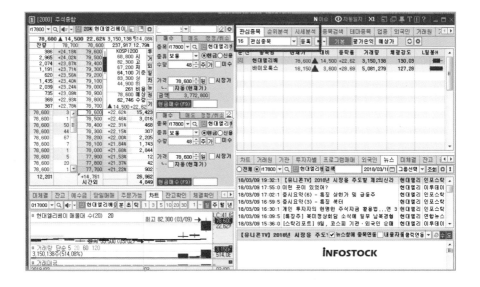

다음으로는 3번 조건에 합당한지를 검토합니다.

3번 조건은 그날 거래량이 '평균 거래량의 1,000% 이상' 터졌는지를 살피는 것입니다. 다음의 바이오톡스텍의 노란색 원으로 표시된 부분을 살펴보면 1,057.44%로 3번 조건인 1,000% 이상을 나타내고 있습니다.

반면 현대엘리베이터는 514.08%로 3번 조건인 1,000% 이상인 조건에 미달되므로 불끈봉에서는 제외되었고, 바이오톡스텍만이 불끈봉으로 선정되었습니다.

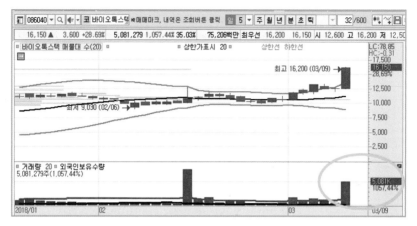

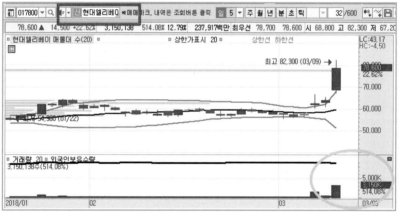

　마지막으로 4번 조건인 '시가총액 최소 500억 원 이상'에 해당하는 종목인지 살펴봐야 합니다.

　2000번 화면의 호가창 옆을 보면 '투거외일차뉴권기' 8종류의 글이 있습니다. 모두 약자입니다. 이 중, 제일 아래의 기를 누르면 기업개요(0919) 창이 나옵니다.

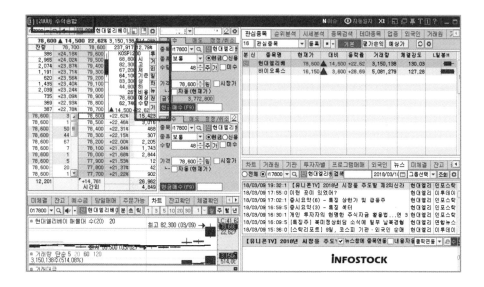

이곳에서 아랫부분으로 내려가면 다음과 같이 바이오톡스텍의 시가총액을 알 수가 있습니다.

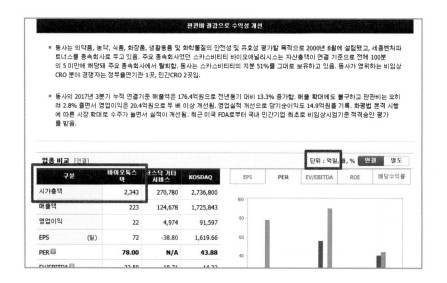

시가총액이 2,343억 원입니다. 4번 조건인 시가총액 500억 원 이상이 넘으므로 최종적으로 바이오톡스텍을 불끈봉 종목으로 선정합니다.

이렇게 불끈봉 종목으로 선정되면 이 회사가 무엇을 하는 회사인지, 또 재무 비율은 어떻게 되는지를 살펴보는 부실 징후 제거 작업인 2차 검토 단계로 넘어갑니다.

2차 검토 단계로 넘어가기 전에, 결과적으로 바이오톡스텍 종목이 어떤 결과를 보이는지 차트를 보겠습니다.

바이오톡스텍의 매수는 3월 12일 종가인 16,050원에 매입했습니다. 다음 날 보통 오전 중이나 동시호가에 갭 상승을 하면 바로 시장가로 매도하는 것이 '종가 매매' 패턴입니다. 뒤에서 자세한 종가 매매 패턴을 알려드리도록 하겠습니다.

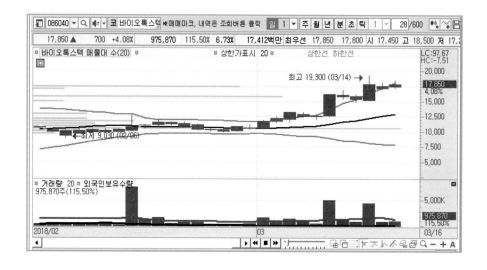

일단 결과를 보여드리려고 합니다. 보통은 다음 날에 2~3% 정도의 수익을 보고 매도하지만, 이날 오히려 시가가 15,900원(-0.9%)을 형성하고, 종일 음봉으로 마이너스를 보이고 있습니다.

이런 경우는 하루 더 조정의 형태로 보고 홀딩해둔 뒤 다음 날까지 지켜봅니다. 그다음 날인 3월 14일 거래량이 터지면서 최고가 19,300원으로 약 25% 정도 상승하는, 시장에서 엄청난 수급이 들어오는 센 놈의 전형적인 형태를 보이고 있습니다.

02
부실 징후 제거 9가지 조건

> 1. 바디의 몸통 크기가 최소 20%
> 2. 거래대금 최소 500억 원 이상
> 3. 평균 거래량의 1,000% 이상
> 4. 시가 총액 최소 500억 원 이상

HTS 검색을 통해서 불끈봉 4가지 조건에 부합하는 종목이 선정되었으면, 부실 징후 제거 9가지 조건의 점수를 매겨 부실 징후가 있는지를 알아봐야 합니다. 좋지 않은 종목, 즉 부실 징후가 있는 종목을 선정해 단기간에 크나큰 손실을 입지 않도록 사전에 제거해야 하기 때문입니다. 이는 재무적인 관점인 기본적 분석을 통해서 알 수 있습니다.

1. PBR ＜ 2(2 이하)
2. 수익률(1달, 3달, 6달, 1년 모두 +)
3. 유동비율 200% 이상
4. 부채비율 100% 이하
5. 유보율 500% 이상
6. 매출액 증가율(높을수록 좋음)
7. ROE(5 이상 좋음)
8. 순운전자본회전율(증가할수록 좋음)
9. EPS(0 이상 좋음)

　　거창하게 재무분석이라고 하니 머리부터 아프다고 하시는 분이 있을 것 같아 미리 말씀드립니다. 우리가 하는 분석은 빠르면 약 1~2분 내로 파악을 할 수 있게 툴을 만들어서 사용하니 너무 골치 아파할 필요는 없습니다. 먼저 2000번 화면의 호가창 옆을 보면 '투거외일차뉴권기' 8종류의 란이 있습니다. 모두 약자입니다. 이 중 제일 아래의 기를 누르면, 다음과 같이 기업개요(0919) 창이 나옵니다.

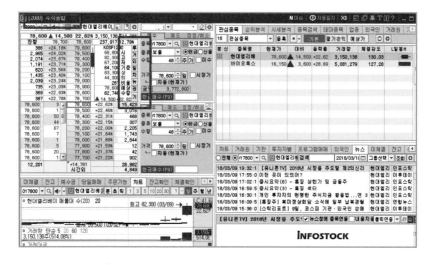

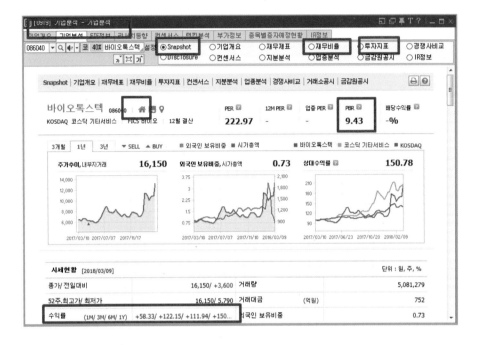

여기서 회사의 종목란(종목 이름과 숫자 옆) 옆에 '집' 표시를 누르면, 회사의 홈페이지로 넘어갑니다. 해당 홈페이지에서 제일 먼저 무엇을 하는 회사인지를 검토해 현재 이 회사의 테마, 뉴스 및 호재가 있는지를 체크합니다. 뉴스 및 호재를 분석하는 방법에 대해서는 뒤에서 자세히 설명드리겠습니다.

그 후, 그 옆에 보이는 PBR을 점검합니다.

1번 조건인 PBR이 2 이하인지를 체크합니다. 아무리 차트를 통해서 단타 매매를 하는 불끈봉 매매 기법이지만, 반드시 1~2분을 투자해 기업에 대한 기술적 분석을 하는 과정을 거쳐야 합니다. 이 과정을 통해야만 부실 징후가 있는 회사를 걸러낼 수가 있기 때문입니다. PBR이 2 이하인 종목은 확률적으로 부실 징후의 가능성이 매우 낮습니다.

PBR이란?

PBR(Price to Book Ratio : 주가순자산비율)은 주가를 주당순자산으로 나눈 것입니다.

$$PBR = \frac{주가}{주당순자산}$$

주가가 2,000원이고, 주당순자산이 1,500원이라면 주가순자산비율은 얼마가 될까요? 2000/1500=1.333입니다. 즉 주가순자산비율은 1.3이 됩니다.

만약 주가순자산비율이 1이라면 주가가 순자산의 1배로 팔린다는 이야기이고, 주가순자산비율이 10이라면 주가가 순자산의 10배로 팔린다는 이야기입니다. PBR이 낮아야 저평가되었다는 것입니다.

바이오톡스텍은 PBR이 9.43입니다. 주가가 순자산의 9.43배로 팔린다는 말입니다. 2 이하가 아니므로 조건에 맞지는 않습니다. 일단 체크 리스트 점수 3점 중 0점을 주고, 나머지 체크 리스트 조건들을 파악한 뒤, 총점수가 15점 이상인 경우 최종 결정을 하도록 하겠습니다.

2번 조건인 수익률을 파악합니다. 1달, 3달, 6달, 1년 모두 +로 수익이 발생하는 종목이 가장 좋습니다. 만약 이곳이 파란색으로 마이너스 수익률이 4개 중 3개 이상이 나온다면 다시 판단해야 합니다.

바이오톡스텍은 1달, 3달, 6달, 1년 4개 모두 +로 수익이 발생하는 + 수익률입니다. 체크 리스트 3점 만점 중 3점을 주겠습니다.

3번 조건인 유동비율은 200% 이상이 좋습니다. 39페이지 자료를 보면, 유동비율이 84.5%이므로 미달되는 수치입니다. 이 경우, 체크 리스트의 점수 3점 중 2점을 줍니다.

유동비율(current ratio)은 유동자산의 유동부채에 대한 비율을 말합니다. 다음의 계산식으로 산출됩니다.

> **유동비율 = (유동자산 ÷ 유동부채) × 100(%)**

유동비율은 회사가 보유하는 지급 능력, 또는 그 신용 능력을 판단하기 위해 쓰이는 것으로, 신용 분석적 관점에서는 가장 중요합니다. 이 비율이 높을수록 그만큼 회사의 재무 유동성은 큽니다. 200% 이상으로 유지되는 것이 이상적이며, 2 대 1의 원칙(two to one rule)이라고도 불립니다.

4번 조건인 부채비율을 파악합니다. 부채비율은 100% 이하가 좋습니다. 부채비율이 80.2%이므로 좋은 수치입니다. 체크 리스트의 점수는 3점 만점에 3점입니다.

부채비율(debt ratio)은 대차대조표의 부채총액을 자기자본으로 나눈 비율(부채총액/자기자본)로, 소수 혹은 백분율로 표시한 것입니

[0919] 기업분석 - 기업분석					
기업개요 기업분석 ETF정보 리서치동향 컨센서스 랭킹분석 부가정보 종목별증자예정현황 IR정보					
086040 바이오톡스텍 설정 ○Snapshot ○기업개요 ○재무제표 ◉재무비율 ○투자지표 ○경쟁사비교 ○Disclosure ○컨센서스 ○지분분석 ○업종분석 ○금감원공시 ○IR정보					
유동비율	101.9	98.2	70.8	82.1	84.5
부채비율	80.8	79.3	92.4	87.8	80.2
유보율	345.6	273.8	228.2	242.6	267.9
순차입금비율	16.7	5.6	22.2	6.4	7.3
이자보상배율	N/A	N/A	N/A	4.5	5.7
자기자본비율	55.3	55.8	52.0	53.3	55.5
성장성비율					
매출액증가율	-2.5	-12.7	10.5	33.5	13.3
판매비와관리비증가율	22.5	23.6	6.1	-23.4	-2.8
영업이익증가율	적전	적지	적지	흑전	115.2
EBITDA증가율	-98.0	적전	적지	흑전	57.1
EPS증가율	적전	적지	적지	흑전	203.9
수익성비율					
매출총이익률	19.2	11.4	18.3	33.1	32.5
세전계속사업이익률	-4.2	-37.2	-27.5	6.9	11.1
영업이익률	-10.6	-30.8	-22.2	9.9	11.5
EBITDA마진율	0.2	-19.1	-12.3	16.7	18.7
ROA	-1.2	-10.4	-8.0	2.5	4.1
ROE	-0.3	-18.1	-16.1	4.4	8.3
ROIC	-5.1	-15.6	-12.6	7.9	10.1
활동성비율					
총자산회전율	0.4	0.3	0.4	0.5	0.5
총부채회전율	0.9	0.7	0.8	1.0	1.1
총자본회전율	0.7	0.6	0.7	0.9	0.9
순운전자본회전율	16.2	26.5	N/A	N/A	N/A

다. 부채, 즉 타인 자본 의존도를 표시하며, 경영분석에서 기업의 건전성의 정도를 나타내는 지표로 쓰입니다.

$$부채비율 = \frac{부채총액}{자기자본}$$

기업의 부채액은 적어도 자기자본액 이하인 것이 바람직하므로 부채비율은 1 또는 100% 이하가 이상적입니다. 이 비율이 높을수록 재무구조가 불건전하므로 지불 능력이 문제가 됩니다.

5번 조건인 유보율을 파악합니다. 유보율은 500% 이상이 좋습니다. 유보율이 267.9%이므로 미달되는 수치입니다. 이 경우, 체크 리스트의 점수 3점 만점 중 1점을 주겠습니다.

유보율의 공식은 다음과 같습니다.

$$유보율 = \frac{(자기자본 - 자본금)}{자본금}$$

예를 들어, 자본금이 100억 원인 회사의 유보율이 100%라면, 회사에 투자하거나 이익 배분이 되지 않은 유보자금이 100억 원이 있다는 이야기입니다. 일반적으로 유보율이 높은 기업은 기업의 유동(현금 보유)이 높아서 돌발사태에 대비할 수 있는 여력을 충분히 갖추고 있다는 것입니다.

6번 조건인 매출액 증가율을 파악합니다. 매출액 증가율은 높을수록 좋습니다. 매출액 증가율이 33.5%에서 13.3%로 감소되어 미달되는 수치입니다. 체크 리스트 점수는 3점 만점에 1점입니다.

7번 조건인 ROE를 파악합니다. ROE는 5% 이상이 좋습니다. ROE가 8.3%이므로 5% 이상 되는 수치입니다. 체크 리스트의 점수는 3점 만점에 3점입니다.

ROE(Return On Equity)는 투입한 자기자본으로 얼마만큼의 이익을 냈는지를 나타내는 지표입니다. 다른 말로는 '자기자본이익률'이라고 합니다. 기업이 자기자본(주주지분)을 활용해 1년간 얼마를 벌어들였는가를 나타내는 대표적인 수익성 지표로, 경영 효율성을 표시해줍니다.

자기자본이익률(ROE) = 당기순이익/평균 자기자본×100

앞의 공식에 의해 ROE가 산출됩니다.

예를 들어, ROE가 10%이면 10억 원의 자본을 투자했을 때 1억 원의 이익을 냈다는 뜻입니다. 다시 말해, ROE가 20%이면 10억 원의 자본을 투자했을 때 2억 원의 이익을 냈다는 의미입니다. 따라서 ROE가 높다는 것은 자기 자본에 비해 그만큼 당기순이익을 많이 내 효율적인 영업활동을 했다는 뜻입니다.

그렇기 때문에 이 수치가 높은 종목일수록 주식 투자자의 투자 수익률을 높여준다고 볼 수 있어 투자자 측면에서는 이익의 척도가 됩니다.

8번 조건인 순운전자본회전율을 파악합니다.

순운전자본회전율은 감소 폭이 적은 것이 좋고, 상승했다면 더 좋습니다. 순운전자본회전율이 N/A이므로 미달되는 수치입니다.

N/A

해당 없음 : not applicable

이용할 수 없음 : not available

체크 리스트의 점수는 3점 만점에 0점입니다.

순운전자본은 기업이 일상적인 생산 및 판매 활동을 영위할 때 필요한 자금을 말합니다. 기업을 운전하는 데 들어가는 자본이라고 해서 운전자본이라고 말하는 것입니다.

9번 조건인 주당순이익(EPS)을 파악합니다. EPS는 1 이상이 좋습니다. 아래 자료를 보면, EPS가 110이므로 1 이상인 수치입니다. 체크 리스트의 점수는 3점 만점에 3점입니다.

EPS는 기업이 벌어들인 순이익(당기순이익)을 그 기업이 발행한 총 주식 수로 나눈 값을 말합니다. 간단히 말해서, 주식 1주가 벌어들이는 금액입니다.

조건	점수	기타
1. PBR	0	27점 만점
2. 수익율	3	
3. 유동비율	2	
4. 부채비율	3	
5. 유보율	1	
6. 매출액 증가율	1	
7. ROE	3	
8. 순운전자본회전율	0	
9. EPS	3	
합계	16	15점 이상 통과

이상, 종합적인 점수를 매기기 위해서 만든 체크 리스트입니다. 체크 리스트의 점수는 총 27점 만점에 15점 이상이면 최소한의 점수로 통과한 것으로 보고, 불끈봉을 선택할 때 기준으로 잡고 선정합니다. 바이오톡스텍은 최종 평가 점수가 16점이고, 15점 이상에 해당하므로 선정한 것입니다.

이같이 체크하는 이유는 단타를 하면서도 상장폐지 등의 사태가 나오는 경우가 있으므로 9가지 조건을 체크해 상장폐지의 경우인 회사는 거래하지 않기 위해서입니다. 이 같은 상황에 대비하기 위해 반드시 매매하기 전에 재무 상태 등을 체크해야 합니다.

아래에 소개하는 회사(수성)는 2018년 3월 16일에 상한가에 도달한 후 장을 마치고 공시가 떠서 보았더니 상장폐지 사유가 발생되었다는 것입니다. 상한가에 도달했다고 좋아했는데, 이런 경우를 보고 바로 '천국에서 지옥으로 간다'라고 말하는 것입니다. 장중에 상한가 따라잡기를 하는 분들이 이 같은 경우를 당하는 것입니다.

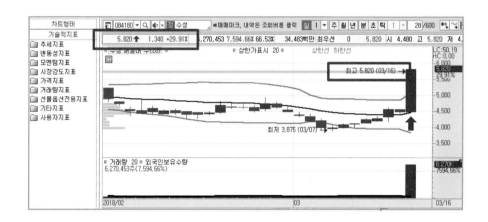

공시 및 뉴스 시간을 살펴보면 어이가 없습니다.

장 마감 후 공시입니다. 18시 3분부터 계속 거래소에서 감사의견 비적정성 공시 요구를 하니 수성 회사 측에서 20시 11분에 감사보고서를 제출했습니다.

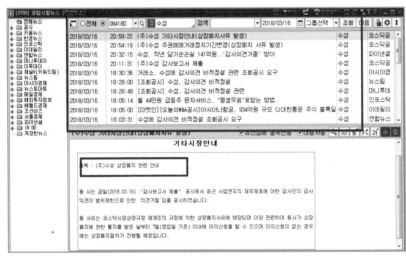

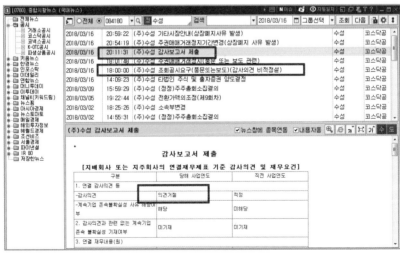

수성 회사 측에서 제출한 감사보고서를 보면, 감사의견이 '의견 거절'입니다. ○○회계법인에서 의견 거절의 회계감사 결과를 내서 다음과 같이 거래소에서는 상장폐지 결정을 하게 된 것입니다.

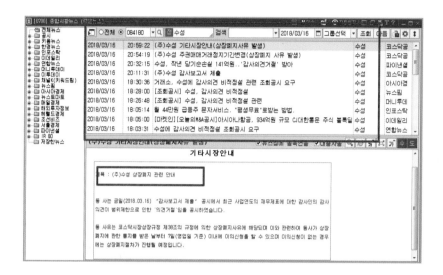

네이버 증권 토론실에 들어가서 보면, 이날 매수한 분들은 정말 난리입니다. 하루아침에 날벼락을 맞은 것입니다. 여러분들도 주식 투자를 하면서 조심하지 않으면 이 같은 일을 당할 수가 있습니다.

출처 : 네이버 금융

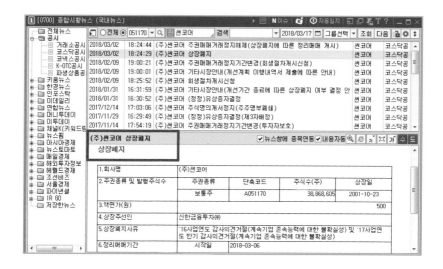

　　썬코어 종목도 2016년도의 감사의견 거절로 상장폐지의 아픔을
당한 종목입니다. 참고하셔서 조심스럽게 체크해야 합니다. 특히 3
월 감사보고서를 제출할 때는 더욱 조심히 회사를 살피고 거래해야
합니다.

03

장 마감 후
불끈봉 찾는 법

우리가 하는 매매는 장중에 뉴스 및 테마, 호재가 뜨면서 롱바디 불기둥의 장대양봉인 불끈봉이 나올 때 추격 매수하는 매매가 아닙니다.

장중 화면에 뉴스가 나오면 그 뉴스에 맞는 차트의 기업을 찾아서 하는 뉴스 및 공시 매매가 아니라, 반대로 장이 마감한 후에 다음과 같은 방법으로 불끈봉을 찾아서 관심 종목에 입력합니다. 그 뒤 차트의 모양이 '불끈봉 4가지 조건 및 부실징후 제거 9가지 조건'에 맞는 종목을 선정하고 나서, 그다음에 뉴스를 찾아보는 것입니다.

2000번 주식 종합 화면의 우측 위의 '시세 분석'의 상하한가 체크를 보면 그날의 상한가 종목이 나옵니다. 그런 뒤에 이 종목들이 '불끈봉 4가지 조건'에 맞는지 분석해야 합니다.

1. 바디의 몸통 크기가 최소 20%
2. 거래대금 최소 500억 원 이상
3. 평균 거래량의 1,000%이상
4. 시가총액 최소 500억 원 이상

일단 상한가이니 1번 조건인 바디 몸통 20% 이상에 모두 부합하는 것이고, 그다음 거래대금을 살펴봅니다. 4개 회사 모두 2번 조건인 거래대금 500억 원 이상에 미달하므로 상한가가 4개나 나온 날이지만 모두 탈락했습니다. 역시 그날 상장폐지당한 수성도 포함되어 있습니다. 바로 그날 상한가에 도달하고 상장폐지를 당한 것입니다.

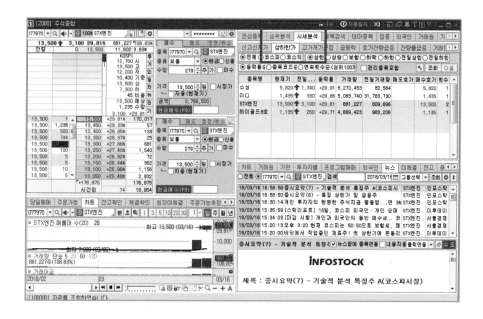

그다음, 시세 분석의 '상승' 체크 부분을 누르고, 상승률 20% 이상
인 물건을 찾아봅니다.

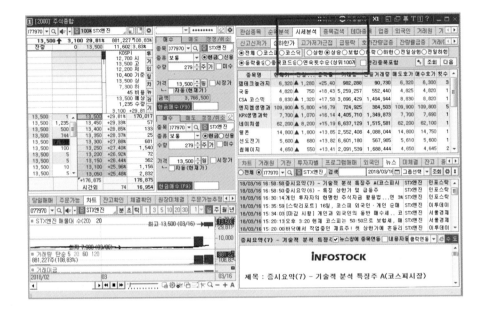

랩테크놀리지가 25.4%입니다. 1일 거래대금이 500억 원 이상인지
를 살핍니다. 그러나 60억 원 정도로 조건 미달입니다. 매매 종목으
로 선정되지 않았습니다. 이런 경우에는 15% 이상의 바디 몸통 종
목으로 조건을 조금 낮추어 선정합니다. 여기서 바디 몸통 15% 이
상은 마지막 마지노선인 % 조건입니다.

다시 한번 강조합니다.

만약에 15% 이상의 종목에서도 4가지 조건에 맞는 것이 나오지

않으면 다음 날 매매는 쉬는 것을 원칙으로 합니다. 정말 중요한 요소입니다. 반드시 최소한의 바디 몸통 크기는 15%입니다. 이 이하의 종목을 건드려서 물리면 상승의 시간이 너무 길어지기 때문입니다.

이 조건에 따라 KPX생명과학(16.14%)과 국동(18.43%), 2개의 종목이 선정되었습니다.

KPX생명과학과 국동이 나머지 불끈봉 조건에 해당하는지 살펴보겠습니다.

2번 조건인 거래대금 500억 원 이상인지 살펴보면, 1,126억 원(KPX생명과학)과 745억 원(국동)으로, 조건에 부합합니다.

3번 조건인 평균 거래량을 살피면, 1,067%(KPX생명과학)와 2,762%(국동)로, 조건에 부합합니다.

4번 조건인 시가총액을 살피면, KPX생명과학(1,155억 원)과 국동(628억 원)으로 조건에 부합합니다.

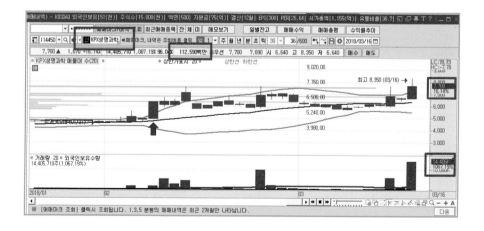

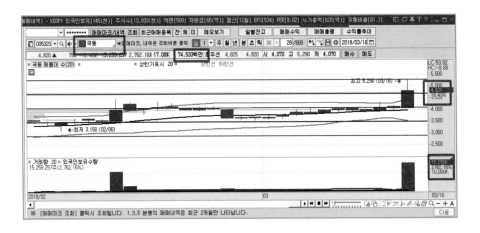

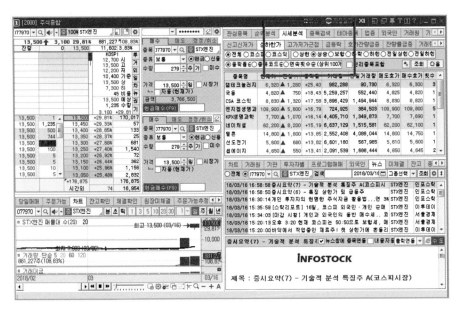

위 화면은 시세 분석의 '상승'을 체크해서 상승률 20% 이상인 물
건을 찾는 화면입니다.

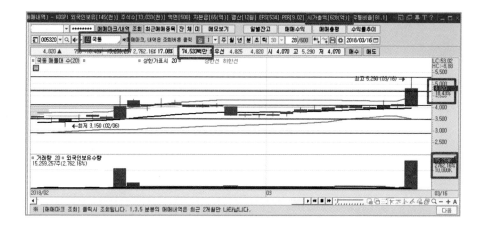

　3월 16일, 국동의 경우 1번 조건에 미달한 18.4% 상승했지만, 그날 20% 이상 상승한 종목 중에 마음에 드는 종목이 없어서 조건에 약간 미달된 국동을 선정했고, 종가 단타 매매에 성공했습니다.

　다음 자료를 보면 불끈봉이 나타난 다음 날에 종가인 5,050원에 매입해 그다음 날 5% 갭 상승한 5,300원에 매도 성공했습니다.

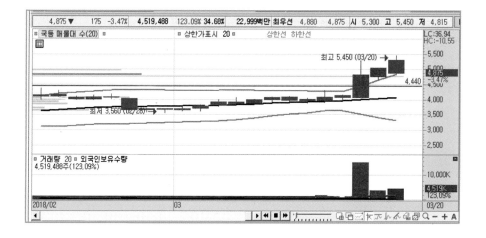

04

뉴스, 테마 및
호재 찾는 법

'불끈봉 4가지 조건 및 부실징후 제거 9가지 조건'에 맞는 종목이 선정되었다면, 이제 마지막 체크 사항인 뉴스, 테마 및 호재를 찾아보도록 하겠습니다. 이것은 제일 중요한 요소입니다.

아무리 차트 모양과 '불끈봉 4가지 조건 및 부실징후 제거 9가지 조건'에 맞는다고 해도 뉴스, 테마 및 호재가 일시적이거나 시장의 주목을 받기에 생뚱맞은 것이라면 매매해서는 안 됩니다.

뉴스, 테마 및 호재를 찾을 때 사용할 수 있는 가장 간단한 방법은 네이버 검색을 이용하는 것입니다.

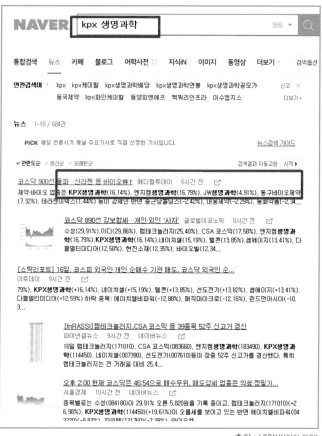

　만약 KPX생명과학이 불끈봉 종목으로 차트상에 나타나면 먼저 네이버를 통해서 KPX생명과학을 검색해 어떤 뉴스가 나와 있는지 확인하는 작업을 반드시 해야 합니다. 바이오주가 전체적으로 강세를 보이고 있음을 알 수가 있습니다. 또한 외국인과 개인들의 매수세가 들어와서 불끈봉 종목으로 상승하고 있음을 확인했습니다. 차트 모양만 보고 진입하는 것이 아니라 뉴스가 많은 종목을 선택해야 합니다.

국동도 마찬가지로, 검색을 통해서 바이오 사업과 4조 원 시장 규모의 식물줄기세포 사업에 대한 기대감으로 불끈봉 종목으로 나타나고 있음을 확인했습니다.

　　반드시 검색해서 뉴스, 테마 및 호재가 많은 종목을 선정해야 합니다. 거래의 90%를 차지할 정도로 매우 중요한 요소이니 반드시 체크 후 매매에 임해야 합니다. 차트 모양만을 보고 들어가면 절대 안 됩니다.

05

불끈봉의
예

앞서 말씀드렸다시피, 우리는 장중에 롱바디 불기둥의 장대양봉인 불끈봉만을 보고 매매하는 것이 아닙니다. 장이 마감한 후에 불끈봉을 찾아서 관심 종목에 입력한 후에 뉴스를 찾아봐야 합니다.

뉴스를 찾아서 매매하는 것이 종목 선정의 90% 이상을 차지하는 사항인 만큼, 항상 불끈봉 종목을 선정 후 뉴스를 찾아보는 것을 몸에 체화시켜야 합니다.

뉴스가 먼저일까요? 아니면 차트가 먼저일까요? 뉴스를 찾은 후 매매하지 말고, 차트에서 불끈봉을 찾은 후에 그 불끈봉이 출현하게 만든 뉴스, 테마 및 호재를 찾아봐야 합니다. 순서가 바뀌면 안 됩니다. 차트가 먼저입니다. 반드시 차트에 불끈봉이 나오면, 그다음이 뉴스가 무엇인지 찾아야 합니다.

블로그나 카페, 그리고 네이버 증권 토론방을 통해서 해당 종목과 관련된 글들을 읽고, 다른 투자자들의 의견을 접하다 보면 단시간에 실력이 늘어감을 본인 스스로 느끼게 될 것입니다.

그동안 거래한 불끈봉의 4가지 예를 보여드리겠습니다.

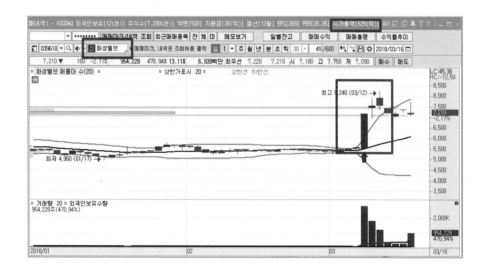

화성밸브라는 종목입니다. 3월 10일에 불끈봉이 나타났습니다. 다시 한번, 불끈봉을 찾는 4단계를 정리해보도록 하겠습니다.

1. 장 마감 후 시세 분석에서 상한가 및 상승률 20% 이상 종목 선정
2. 불끈봉 4가지 조건
3. 부실징후 제거 9가지 조건
4. 뉴스, 테마 및 호재 검색

화성밸브는 '불끈봉 4가지 조건 및 부실징후 제거 9가지 조건'과 뉴스, 테마 및 호재를 검색한 후, 다음 날 시초가 매매 및 종가 매매를 해서 성공적인 수익을 낸 종목입니다.

다음은 코데즈컴바인이라는 종목입니다. 세 번 불끈봉이 나타났습니다. 물론 1번째 및 2번째가 정확한 불끈봉이지만, 3번째 작은 불끈봉은 조건에 맞지 않았음에도, 결과적으로 종가 매매법에서 성공적인 수익률을 안겨주었습니다.

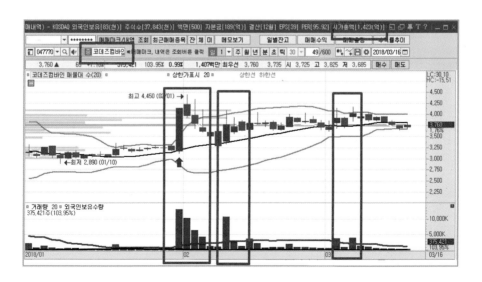

대성창투라는 종목입니다. 1월 31일에 불끈봉이 나타났습니다. 종가 매매로 대응해서 성공적인 수익률을 맛보았습니다.

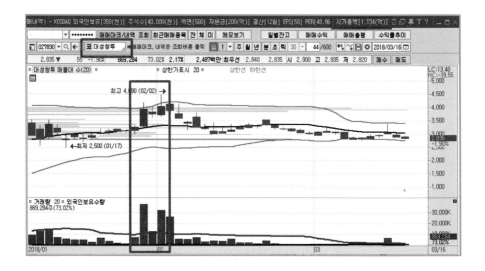

폭스브레인이라는 종목입니다. 두 번 불끈봉이 나타났습니다. 두 번모두 시초가 및 종가 매매법으로 성공적인 수익률을 안겨주었습니다.

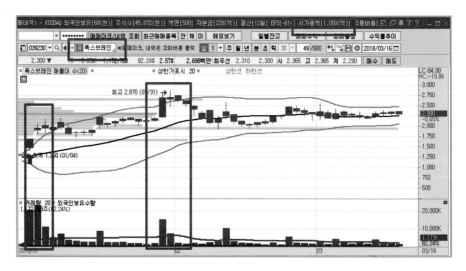

—

시초가
단타 매매

상단 시초가
단타 매매

상단 시초가 단타 매매법은 먼저, 불끈봉을 중심으로 매매의 기준을 잡는 것입니다. 첫 번째로 살펴볼 종목은 두산엔진입니다. 3월 8일, 시세 분석의 상한가란에서 아래 파란 화살표가 보이는 날에 두산엔진이 포착되었습니다.

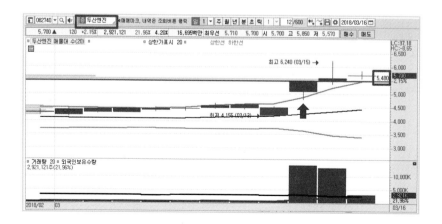

만약 이 부분이 잘 이해가 안 되시는 분은 앞 장의 불끈봉에 대해서 다시 한번 공부하시고 이 장을 읽어나가시길 바랍니다.

앞에서 이야기한 '불끈봉 4가지 조건 및 부실징후 제거 9가지 조건'에 맞는지 확인한 후, 뉴스, 테마 및 호재를 검색해보고 다음 날 시초가 단타 매매를 할 수 있는 종목인지 체크합니다.

시초가 단타 매매법에 임하기에 앞서 제일 먼저 불끈봉의 종가(5,480원)를 차트의 화면에 앞과 같이 그려 넣습니다. 불끈봉 종가의 가격이 5,480원입니다. 다음 날 이 가격의 상단 혹은 같은 가격에서 시가가 형성되어 거래가 시작된다면, 이 매매법이 상단 시초가 단타 매매법이 됩니다. 불끈봉의 종가 위에서 시작하는 매매법이기에 상단 시초가 단타 매매법이라고 명명했습니다.

다음 날 시가도 5,480원으로, 전날 종가와 같은 가격으로 시작했습니다. 아침 장 시작 전 동시호가를 보면 시초가가 어디서 시작이 되는지를 알 수 있습니다. 다음 자료의 중간쯤에 예상이라고 보이는 부분을 보시면 오전 8시 40분부터 9시 전에 시초가 형성을 준비하는 아침 시초가가 전날과 같은 가격으로 시작할 것임을 알 수 있습니다.

그 옆의 우측 관심 종목에서 기본, 평가손익 옆에 예상가를 누르면, 아침에 여러 건의 관심 종목에 대한 예상 체결가를 한눈에 볼 수도 있습니다.

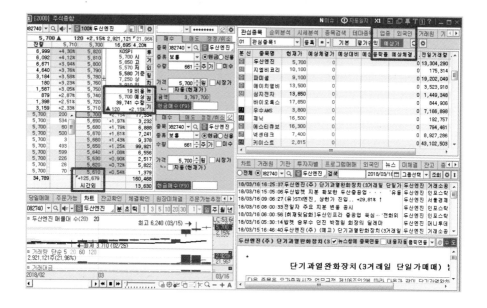

9시에 장이 시작해 다음의 1분봉 차트를 보면, 시초가가 예상 체
결가와 같은 5,480원에 시작합니다. 아침 시초가가 5,480원에 시작
하고, 바로 음봉으로 최저가인 5,370원까지 내려갑니다. 이때는 기
다립니다.

보통 시작하고 2분은 절대로 거래하지 않습니다. 저점과 고점을
보기 위해서입니다. 아직 자리를 잡은 것이 아니기에 예측을 하고 매
수하면 절대로 안 됩니다. 위험합니다.

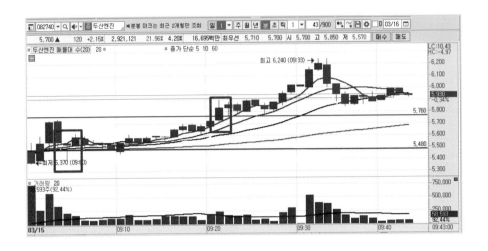

그다음 2분을 보면 양봉으로 상승합니다. 다시 음봉으로 1분 전의
음봉 저가 부근까지 올 때를 기다립니다. 3분을 보면 다시 양봉으로
상승합니다. 기다립니다. 아래로 내려오기를 기다립니다. 만약 이때
계속 상승만을 한다면, 이날 거래는 실패이므로 추격해 매수하지는
않습니다. 포기합니다.

우리는 최소 전날 종가인 5,480원이나 그 가격의 -2% 아래인
5,370원을 매수 포인트로 잡습니다. 종가나 그 가격의 -2%입니다.
-2%인 5,370원을 계산하는 법은 '5,480×0.98'을 계산기에 누르
면 5,370원이 나오고, 그 가격을 미리 장 시작 전에 차트에 그려 넣
습니다.

9시 5분쯤 오늘 저점으로 내려옵니다. 너무 빠르게 호가가 움직이

므로 미리 5,370원에 매수 주문을 걸어놓지 않았다면, 분봉 차트를 보고 시장가로 매수해도 됩니다.

필자는 시장가 매수 방법을 더 선호합니다.

9시 5분에 매수하고 바로 5% 위인 5,760원에 매도를 미리 걸어 놓습니다. 17분 후인 9시 22분에 상승해서 미리 매도를 걸어놓은 5,760원에 전량 매도되었습니다.

만약 욕심을 내서 5% 보다 더 큰 수익을 내고 싶다면, 5일 선매매 법(5분봉)을 이용해서 차트와 함께 매수 후, 빨간색 라인인 5일선(5 분봉)을 깨지 않는다면 계속 홀딩해서 매도를 자제해 수익을 내는 방법을 구사할 수 있습니다. 보통 1분봉상 윗꼬리가 생기고, 거래량이 폭발적으로 상승한다면 매도합니다.

9시 32분 윗꼬리가 달리고 거래가 터진 것이 보입니다. 그때가 시세 분출의 마지막입니다. 여기서 매도의 타이밍을 잘 보고 더 큰 수익을 챙기려면 많은 연습과 공부가 필요합니다.

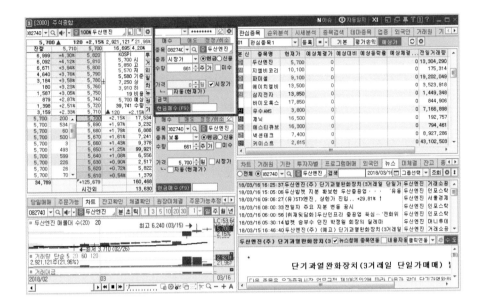

시장가 매수 방법은 이렇습니다. 위 자료의 시장가 표시 부분을 체크하고, 가격은 매수 가격란에 넣지 않고 수량만을 넣어서 매수 버튼을 누르면 1초도 안 되어서 바로 시장가에 매수됩니다.

아침 시초가 30분 이내에는 호가창이 너무 빠르게 움직이므로 가격을 적으면서 매수할 수가 없기 때문에 2가지 매수 방법을 선택해야 합니다. 미리 매수가를 예약해놓든지, 아니면 시장가 매수를 하는 방법을 선택하는 것입니다.

매수 방법을 다시 정리해보겠습니다.

1. 아침 장 시작 10분 전부터 전날 선정한 불끈봉 종목의 예상 체결가 파악
2. 전날 종가 및 -2%에 미리 매수 주문하거나 시장가 주문
3. 매수와 동시에 5% 위에 매도 주문

DSR이라는 종목입니다. 아무런 이유 및 호재도 없이 상승한 12월 5일 불끈봉으로 포착되었습니다. 그다음 날인 12월 6일, 갭 상승해 시초가 단타 매매를 시작했으나 잠시 위로 상승하는 척하다가 종일 주가가 흘러 불끈봉의 센터(중심)까지 내려옵니다. 시세를 분출하지 못하고 힘이 빠진 형태를 보입니다.

앞에서 상단 시초가 단타 매매를 시도하다가 매도하지 못하면 다음 날부터 한 번도 그 가격대로 오지 않음을 알 수가 있습니다. 오랜 시간 동안 고생을 하고 의도치 않게 장기 투자를 하게 되는 것입니다.

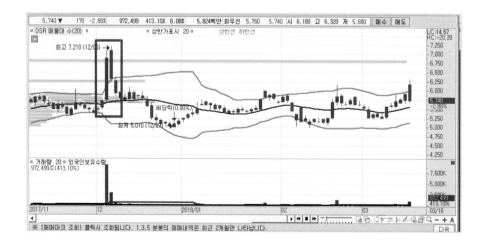

다음으로 에이프로젠제약을 보면, 단일 뉴스 1가지로 뜬금없이 상
승한 12월 5일, 불끈봉으로 포착되었습니다.

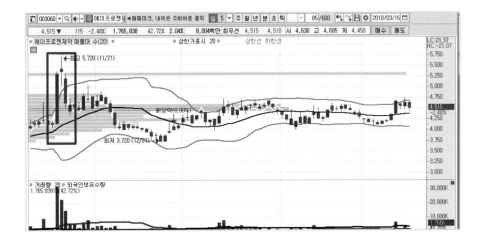

그다음 날인 12월 6일, 갭 상승해 시초가 단타 매매를 시작해 성
공적으로 매매를 종료하고 수익을 얻고 나왔습니다. 그런데 가끔 아
무리 설명해도 이런 형태의 종목을 스윙이나 장기 투자로 가지고 가
려는 분들이 있습니다. 그러한 스윙의 관점으로 가지고 가려면 더
욱 뉴스, 테마 및 호재를 체크해서 여러 건의 뉴스가 뜬 종목을 선정
해야 합니다.

엄청난 고생을 해봐야 아는 것이 아니라 그런 것을 사전에 방지하
려고 미리 위험한 종목의 형태를 보여드리는 것입니다. 뉴스, 테마
및 호재가 없이 차트 모양만을 보고 매매하면 고생만 기다리고 있음
을 명심하시기 바랍니다.

잘 이해가 안 되는 분은 앞 장의 불끈봉에 대해서 다시 한번 공부를 하시고 이 장을 읽어나가야 합니다. 반드시 불끈봉을 이해하고 매매 기법을 공부해야 합니다.

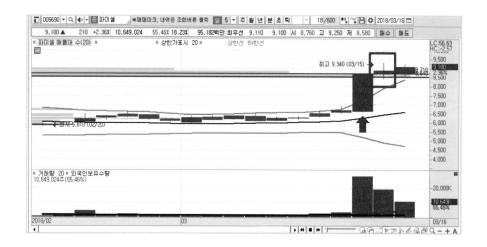

다시 파미셀이라는 종목으로 돌아오겠습니다. 제일 먼저, 다음과 같이 불끈봉의 종가를 차트 화면에 그려 넣습니다. 종가의 가격이 8,710원입니다. 다음 날 이 가격의 상단 혹은 같은 가격에서 시가가 형성되어서 거래가 시작된다면, 이 매매법이 상단 시초가 단타 매매법입니다.

다음 날 3월 15일 시가도 8,710원으로 전날 종가와 같은 가격으로 시작했습니다.

아침 장 시작 전 동시호가를 보면 시초가가 어디서 시작이 되는지를 알 수가 있습니다. 2000번 화면의 예상이라고 보이는 부분을 보면 오전 8시 40분부터 9시 전에 시초가 형성을 준비하는 아침 시초가가 전날과 같은 가격으로 시작할 것임을 알 수가 있습니다.

그 옆의 우측 관심 종목에서 기본, 평가손익 옆에 예상가를 누르면 아침에 여러 건의 관심 종목에 대한 예상 체결가를 한눈에 볼 수도 있습니다. 매우 유용한 화면입니다. 물론 시초가가 전날 종가의 위에서 갭 상승을 한 종목을 더 선호합니다. 힘이 세기 때문입니다. 그러나 종가 근처에서 시작한 물건은 오히려 종가 및 종가 아래 마이너스 2%에 미리 매수 주문을 걸어두기에 안심이 되는 물건입니다.

이제 9시에 장이 시작되어 다음의 1분봉 차트를 보면 시초가가 예상 체결가와 같은 8,710원에 시작합니다. 아침 시초가가 8,710원에 시작을 하고 바로 음봉으로 내려갑니다. 이때는 기다립니다. 보통 시작하고 2분은 절대로 거래하지 않습니다. 저점과 고점을 보기 위해서입니다. 아직 자리를 잡은 것이 아니기에 예측하고 매수하면 절대로 안 됩니다. 대응하기 위해 기다려야 합니다. 그렇지 않으면 위험합니다.

그다음 2분을 보면 양봉으로 급상승합니다. 다시 음봉이 나오기를 1분 전의 음봉 저가 부근까지 올 때를 기다립니다. 3분을 보면 음봉 형태로 윗꼬리를 달고 상승의 여력이 떨어집니다. 아래로 내려오기

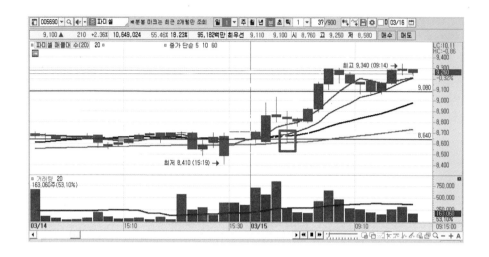

를 기다립니다. 만약 이때 계속 상승만을 한다면, 그날 거래는 실패
이므로 추격해 매수하지는 않습니다. 포기합니다.

  우리는 최소 전날 종가인 8,710원이나 그 가격의 -2% 아래인
8,540원을 매수 포인트로 잡습니다. 종가나 그 가격의 -2%입니다.
-2%인 8,540원을 계산하는 법은 8,710×0.98을 계산기에 누르면
8,540원이 나오고, 그 가격을 미리 장 시작 전에 차트에 그려 넣습
니다.

  9시 4분쯤 -2%까지는 오지 않지만, 오늘 저점으로 내려옵니다.
8,640원에 시장가로 전량 매수했습니다. 너무 빠르게 호가가 움직이
므로 1분봉 차트를 보고 시장가로 매수합니다. 이 시장가 매수 방법
이 장중에 대응하기가 더 유연한 방법이므로 선호합니다.

9시 4분에 매수하고 바로 5% 위인 9,080원에 매도를 미리 걸어놓습니다. 힘이 엄청 세서 3분 후인 9시 7분에 상승을 해서 미리 매도를 걸어놓은 9,080원에 전량 매도가 되었습니다.

만약 욕심을 내서 나는 5% 수익보다 더 수익을 내고 싶다고 한다면 5일 선매매(5분봉)법을 이용해서 차트와 같이 매수 후 빨간색 라인인 5일선을 깨지 않을 경우, 계속 홀딩해 매도를 자제해서 수익을 더 내는 방법을 구사해도 됩니다. 그렇다면 9시 9분 9,260원까지도 홀딩할 수가 있습니다.

2분 더 기다리면 조금 더 많은 수익을 볼 수가 있지만, 너무 욕심을 부리지 말기를 바랍니다. 너무 많은 상승으로 인해 차익 실현매물이 나오므로 바로 음봉으로 하락할 준비가 언제든지 되어 있기 때문입니다. 매도의 타이밍을 잘 보고 더 많은 수익을 챙기려면 많은 연습과 공부가 필요합니다.

다음은 삼일제약이라는 종목을 통해 세 번째 상단 시초가 단타 매매 실전을 살펴보겠습니다. 일단 불끈봉을 중심으로 매매의 기준을 잡습니다. 3월 6일 아래 파란 화살표가 보이는 날이 시세 분석의 상한가란에서 포착되었습니다.

미리 뉴스를 보고 불끈봉 종목을 선정하는 것이 아니고, 장을 마친 후 시세 분석란의 상한가 및 상승에서 불끈봉 조건에 의해 물건을 찾아보니 삼일제약이 포착된 것입니다. 이같이 포착된 종목을 보고 뉴스, 테마 및 호재를 네이버 검색을 통해서 찾아보는 것이 순서입니다.

뉴스를 찾아보니 비알콜성 지방간염치료제 및 여러 건의 뉴스를 통해 앞으로 시장의 수급이 들어와 상승의 여력이 높은 종목임을 알 수가 있습니다.

우리가 하는 것은 일종의 눌림목 매매이기 때문에 불끈봉이 나온 날 매매하는 것이 아닌, 그다음 날 조정을 줄 때 매매해서 수익을 얻는 매매법입니다.

앞에서 배운 불끈봉 조건 등을 체크한 뒤, 최종적으로 삼일제약이라는 종목이 선정되었습니다. 제일 먼저 불끈봉의 종가(19,500원)를 차트의 화면과 같이 그려 넣습니다. 종가의 가격이 19,500원입니다. 이 가격의 상단 및 같은 가격에서 다음 날 시가가 형성되어서 거래가 시작된다면, 이 매매법이 상단 시초가 단타 매매법입니다.

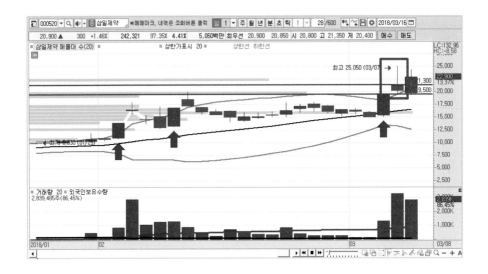

다음 날인 3월 7일에 시가가 21,300원(9.23%)으로 갭 상승해서 시작했습니다. 아침 장 시작 전 동시호가를 보면 시초가가 어디서 시작이 되는지를 알 수가 있습니다. 2000번 화면의 예상이라고 보이는 부분을 보면, 아침 8시 40분부터 9시 전에 시초가 형성을 준비하는 아침 시초가가 전날 종가보다 9.23% 상승해서 시작할 것을 알 수가 있습니다.

물론 시초가가 전날 종가의 위 10% 이상 갭 상승한 종목을 더 선호합니다. 힘이 엄청나게 세기 때문입니다. 이같이 10% 근처 이상에서 출발하는 종목을 개인적으로 더 선호합니다.

9시에 장이 시작되어 다음의 1분봉 차트를 보면, 시초가가 예상 체결가와 같은 21,300원(9.23%)에 시작합니다.

아침 시초가가 21,300원에 시작을 하고 바로 음봉으로 내려갑니다. 이때는 기다립니다. 2분봉도 음봉으로 내려옵니다. 다시 한번 강조하지만, 저점과 고점을 보기 위해서입니다. 아직 자리를 잡은 것이 아니기에 예측하고 매수하면 절대로 안 됩니다. 매우 위험하기 때문에 반복적으로 설명드립니다.

2분봉에 전날 종가 부근인 19,500원 위에서 4분 봉째에 양봉으로 말아 올리는 것을 보고 매수합니다. 그다음 5분봉을 보면 양봉으로 급상승합니다. 호가가 너무 빠르게 움직이기 때문에 분봉 차트를 보고 시장가로 매수합니다. 이 시장가 매수 방법이 장중에 대응하기가 더 유연한 방법이므로 선호합니다.

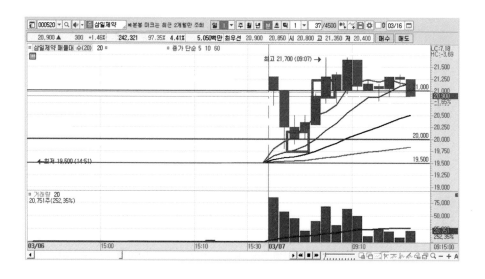

9시 4분에 매수하고 바로 약 5% 위인 21,000원에 매도를 미리 걸어놓습니다. 힘이 엄청나게 세서 2분 후인 9시 6분에 상승해서 미리 매도를 걸어놓은 21,000원에 전량 매도가 되었습니다.

만약 욕심을 내서 5% 수익보다 더 수익을 내고 싶다면, 5일 선매매법을 이용해서 차트와 같이 매수 후 빨간색 라인인 5일선을 깨지 않을 경우, 계속 홀딩해 매도를 자제해서 수익을 더 내는 방법을 구사해도 됩니다.

그렇다면 9시 9분 21,700원 바로 아래까지도 홀딩할 수가 있습니다. 2분 더 기다리면 조금 더 많은 수익을 볼 수가 있지만, 너무 욕심을 부리지 말기를 바랍니다. 너무 많은 상승으로 차익 실현매물이 나오므로 바로 음봉으로 하락할 준비가 언제든지 되어 있기 때문입니다.

매도의 타이밍을 잘 보시고 더 많은 수익을 챙기려면 많은 연습과 공부가 필요합니다.

02
중단 시초가 단타 매매

중단 시초가 단타 매매법은 시초가라는 이름이 붙어 있지만, 꼭 아침 장 시작과 동시에 하는 매매법은 아닙니다.

상단 시초가 단타 매매법은 센 놈이기에 아침 장 시작과 동시에 큰 변동성을 이용해 잠시 단타 매매로 수익을 내는 방법이며, 9시 5분 전에 매수하는 매매법입니다. 공격적인 투자 성향을 가진 분들에게는 잘 맞는 투자법입니다.

이제 설명하려고 하는 중단 시초가 단타 매매법은 불끈봉을 전날 선정했으나, 아침 동시호가에 시초가가 갭 상승을 하지 않고, 전날 종가 이하에서 갭 하락하기 시작할 때 사용하는 매매 기법입니다. 갭 상승한 종목이 있으면 그 종목을 우선적으로 거래하고 갭 하락으로 시작한다면 이 종목은 매매하지 않습니다. 물론 갭 하락해서 출발한다고 모두 안 좋은 종목은 아닙니다.

또한, 중단 시초가 단타 매매법은 상단 시초가 단타 매매법과 거의 비슷하고, 불끈봉을 중심으로 매매의 기준을 잡는 것도 상단 시초가 단타 매매법과 같지만, 매수 위치가 다르고 시간도 다르므로 반드시 설명을 들어서 매매해야 실패를 줄일 수가 있습니다.

중단 시초가 단타 매매법은 반드시 불끈봉의 센터 가격에 도달할 때 매수하는 것이고, 매수하는 시간은 특별히 없습니다. 센터 가격에 오면 매수하는 것입니다. 미리 센터 가격에 매수를 걸어놓아도 됩니다.

매수했으면 바로 2% 위에 매도를 걸어둡니다. 상단 시초가 단타 매매법 '2, 3, 5 법칙'으로 2% 3% 5%로 분할매도를 해도 무방하지만, 중단 시초가 단타 매매법은 2%만 수익을 내고 나오면 됩니다. 아무래도 상단보다는 힘이 약한 면이 있기 때문입니다. 2% 위의 매도값 계산법은 매수가 곱하기 1.02를 하면 2% 위 매도 가격이 계산됩니다.

2월 23일, 거래량이 터진 날에 시세 분석의 상승란에서 에스에프씨가 포착되었습니다.

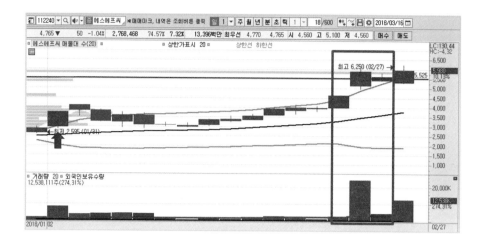

이 부분이 이해가 잘 안 되는 분은 앞 챕터에서 설명해드린 상단 시초가 단타 매매법에 대해서 다시 한번 공부하시고 이 장을 읽어나가야 합니다. 반드시 상단 시초가 단타 매매법을 이해하고 중단 시초가 단타 매매 기법을 공부해야 합니다. 그다음 4가지 조건에 맞는 종목인지를 체크해보니 부합되는 종목입니다.

앞 장에서 배운 '불끈봉 4가지 조건 및 부실징후 제거 9가지 조건'과 뉴스, 테마 및 호재를 검색해서 다음 날 시초가 단타 매매를 할 수 있는 종목인지를 체크합니다. 아침 예상 체결 호가에서 전날 불끈봉의 종가 위에서 시초가가 시작되면 상단 시초가 단타 매매법이고, 종가 아래에서 시작하면 중단 시초가 단타 매매법입니다. 이 부분이 2가지 매매법을 분류하는 중요한 요소입니다.

그런데 아침 시가가 불끈봉의 센터 가격 아래에서 시작한다면, 그날 이 종목은 매매를 포기해야 합니다. 힘이 떨어진 놈입니다.

다음 날 시가가 종가 아래인 5,525원으로 시작했습니다. 아침 장 시작 전 동시호가를 보면 시초가가 어디서 시작이 되는지를 알 수가 있습니다. 2000번 화면 호가창 옆 예상이라고 보이는 부분을 보면 오전 8시 40분부터 9시 전에 시초가 형성을 준비하는 아침 시초가가 전날 종가 아래에서 시작할 것임을 알 수가 있습니다.

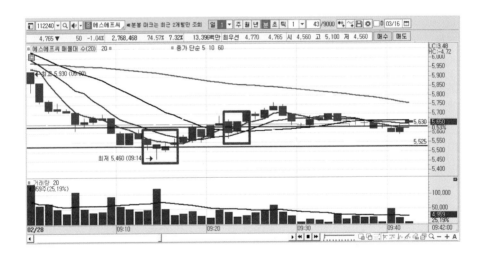

9시에 장이 시작하고 1분봉 차트를 보면 아침 시초가가 5,620원에 시작하고, 9시 14분에 최저가인 5,460원까지 내려갑니다. 5,460원까지 내려가면서 우리가 미리 매수를 걸어놓은 가격인 불끈봉의 센터 가격인 5,525원에서 매수되었습니다. 이같이 매수 후 더 하락할 때를 대비해서 항상 분할 매수를 해야 합니다.

334 법칙(일명 심심사 법칙)입니다. 매수 자금을 3단계로 대기해서 매수하는 것입니다. 센터(C) 가격으로 내려올 때까지 기다립니다. 그다음 보면 6분 후 2% 위에서 매도 체결되었습니다. C 가격의 -2% 아래도 매수 포인트로 잡습니다. C 가격이거나 그 가격의 -2%입니다.

[특징주] 에스에프씨, 美 에어비타와 바이오사업 진출 소식에 급등
한국경제   2018.02.23.   네이버뉴스   [C]
에스에프씨가 미국 면역항암제 개발기업 에어비타와 업무협약을 체결, 바이오 사업에 진출한다는 소식에 급등하고 있다. 23일 오전 9시15분 현재 에스에프씨는 전날보다 1090원(23.44%) 오른 5740원에 거래 중이다. 장...
└ [특징주] 에스에프씨, 바이오사업…   EBN   2018.02.23.

(코)에스에프씨, 전일 대비 25.16% 상승.. 일일회전율은 12.54% 기록
서울경제   2018.02.23.   네이버뉴스   [C]
[서울경제] 에스에프씨(112240)는 23일 오전 9시 30분 현재 25.16% 오른 5,820원에 거래되고 있으며, 45,.. 지난 1개월간 에스에프씨는 상한가 1회, 상승 16회, 하락 13회를 기록했고, 주가수익률은 139.01...

외인·기관 동반 '팔자'…코스닥 장 초반 상승세   아시아경제   2018.02.23.   네이버뉴스   [C]
링크제니시스가 무상증자 권리락 효과에 가격제한폭까지 오른데 이어 에스에프씨, 영인프런티어, 휴맥스홀딩스, 서암기계공업, 랩지노믹스, 휴맥스 등이 10% 이상 급등세다. 에스에프씨는 미국 면역항암제...

[특징주] 에스에프씨, 美 면역항암제 개발기업과 바이오사업 진출 기대↑
이데일리   2018.02.23.   네이버뉴스   [C]
에스에프씨(112240)가 급등세다. 미국 면역항암제 개발기업과 업무협약을 체결하고 바이오 사업에 나선다는 소식에 영향을 받은 것으로 보인다. 23일 오전 9시4분 현재 에스에프씨는 전날대비 1010원(21.72%) 오른 5660원에...
└ 에스에프씨, 美 면역항암제 개발기…   메디컬투데이   2018.02.23.

다음 종목을 살펴보겠습니다.

라이브플렉스 종목을 장을 마치고 검색을 해서 조건에 맞는 종목인지를 체크해보니 부합되는 종목입니다.

앞 장에서 배운 '불끈봉 4가지 조건 및 부실징후 제거 9가지 조건'과 뉴스, 테마 및 호재를 검색해서 다음 날 시초가 단타 매매를 할 수 있는 종목인지를 체크합니다.

다시 한번 강조하지만, 아침 예상 체결 호가에서 전날 불끈봉의 종가 위에서 시초가가 시작되면 상단 시초가 단타 매매법이고, 종가 아래에서 시작하면 중단 시초가 단타 매매법입니다. 이 부분이 2가지 매매법을 분류하는 중요한 요소입니다.

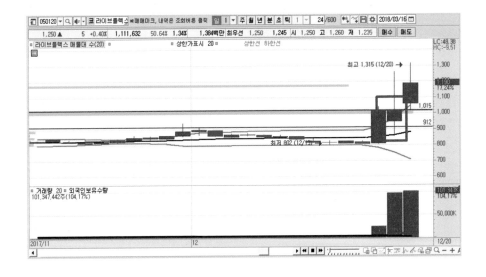

그런데 아침 시가가 불끈봉의 센터(C) 가격 아래에서 시작한다면, 그날 이 종목은 매매를 포기해야 합니다. 힘이 떨어진 놈입니다.

제일 먼저 불끈봉의 종가(1,015원) 및 센터 가격(912원)을 차트의 화면에 자료와 같이 그려 넣습니다. 종가 아래에서 시초가가 형성되어서 거래가 시작된다면, 이 매매법이 중단 시초가 단타 매매법입니다.

다음 날 시가가 종가 아래인 947원으로 시작했습니다. 다시 한번 이야기하지만, 아침 장 시작 전 동시호가를 보면, 시초가가 어디서 시작이 되는지를 알 수가 있습니다. 2000번 화면 호가창 옆 예상이라고 보이는 부분을 보면, 오전 8시 40분부터 9시 전에 시초가 형성을 준비하는 아침 시초가가 전날 종가 아래에서 시작할 것임을 알수가 있습니다.

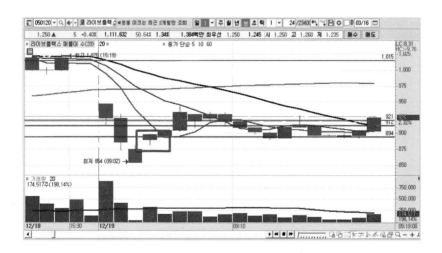

9시 정각에 947원을 시초가로 장이 시작합니다.

1분봉은 음봉으로 내려갑니다. 2분봉을 기다립니다. 장대음봉으로 바로 -2%까지 내려옵니다. 장 시작하고 최소 2분은 절대 매수하지 않습니다.

3분봉 역시 음봉으로 -2%를 지나 많이 내려옵니다. 양봉이 나오는 매수세가 붙지 않으면 이 종목의 매수는 포기하는 것입니다. 그러나 4분봉부터 양봉과 거래량이 터지며 상승을 시도하는데, 그 가격이 우리의 매수 타점인 센터의 -2%인 894원입니다. 바로 시장가로 매수 버튼을 눌러서 매수합니다.

바로 매도를 걸어놓습니다. 3% 매도입니다. 그 가격이 921원입니다. 매수 후 바로 2분 뒤에 매도 완료가 되었습니다. 필자의 매매 시간은 9시부터 9시 30분까지 1회, 그리고 10~11시까지 1회, 1~2시 30분 1회, 3시~3시 20분 1회로, 하루 평균 총 4회의 단타 매매를 하는데, 무척 성공률이 높은 시간대이니 매매 시 참고하시기 바랍니다.

이제 매수할 때 호가창 보는 법을 알려드리겠습니다.

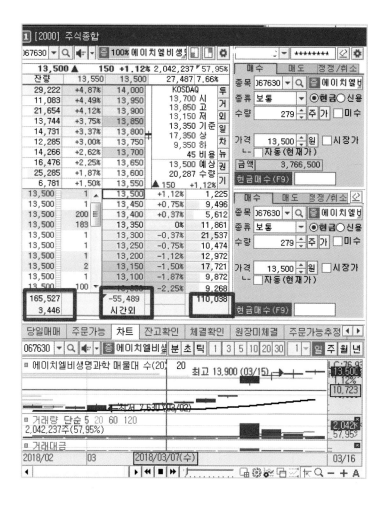

2000번 화면의 호가창에서 매수 당시 시간 외 위의 -55,489처럼
마이너스가 나타날 때는 상승의 순간이 되는 포인트입니다. 그런데
매수하려고 하는데, 다음과 같이 빨간 숫자가 나타나면 기다려야 합
니다. 올라갈 듯이 상승하지만, 실제는 조금 후 하락하니 기다리고
기다려야 합니다.

3,630 ▼		80 -2.16%	3,476,671	62.41%
잔량	3,630	3,625	12,802	4.51%
4,565	-0.94%	3,675	KOSPI	투
3,431	-1.08%	3,670	3,725 시	거
4,884	-1.21%	3,665	3,800 고	외
11,242	-1.35%	3,660	3,610 저	일
3,017	-1.48%	3,655	3,710 기준	차
6,839	-1.62%	3,650	4,820 상	
514	-1.75%	3,645	2,600 하	뉴
914	-1.89%	3,640	13 비용	권
5,368	-2.02%	3,635	3,630 예상	기
4,153	-2.16%	3,630	66,016 수량	
3,630	100	3,625	-2.29%	34,032
3,630	30	3,620	-2.43%	22,568
3,630	828	3,615	-2.56%	19,617
3,630	3	3,610	-2.70%	27,892
3,630	0.833	3,605	-2.83%	17,026
3,630	6.016	3,600	-2.96%	95,887
3,635	3	3,595	-3.10%	19,557
3,635	3	3,590	-3.23%	6,067
3,630		3,585	-3.37%	10,796
3,630	2,000	3,580	-3.50%	165,274
44,927		+373,789		418,716
		시간외		14,900

+373,789 숫자처럼 빨간색이면 상식적으로는 매수세가 더 많아 올라가야 하지만, 실전에서는 오히려 주가가 흘러내려 하락합니다.

이 빨간 숫자의 의미는 매수 호가 총계인 418,716에서 매도 호가 총계 44,927을 뺀 숫자이니, 매수세가 더 많다는 이야기입니다. 매수 세가 많으면 주가가 상승하는 것이 상식이지만, 실제는 이러한 상태 일 때는 주가가 오히려 하락하니 매수하면 안 됩니다.

이 점을 기억해서 매수 시 항상 호가창을 보고 파란색으로 바뀌는 순간 매수해야 합니다. 다음 호가창의 숫자처럼 -55,489 파란색일 때 매수하면 매수 후 더 내려가는 하락의 순간은 피할 수가 있습니다.

13,500 ▲	150 +1.12%	2,042,237	▼57.95%
잔량	13,550	13,500	27,487 7.66%

잔량	%	호가	KOSDAQ	
29,222	+4.87%	14,000	KOSDAQ	투
11,083	+4.49%	13,950	13,700 시	거
21,654	+4.12%	13,900	13,850 고	외
13,744	+3.75%	13,850	13,150 저	일
14,731	+3.37%	13,800	13,350 기준	차
12,285	+3.00%	13,750	17,350 상	뉴
14,266	+2.62%	13,700	9,350 하	권
16,476	+2.25%	13,650	45 비용	기
25,285	+1.87%	13,600	13,500 예상	
6,781	+1.50%	13,550	20,287 수량	
			▲150 +1.12%	
13,500	1	13,500	+1.12%	1,225
13,500	1	13,450	+0.75%	9,496
13,500	200	13,400	+0.37%	5,612
13,500	183	13,350	0%	11,861
13,500	1	13,300	-0.37%	21,537
13,500	1	13,250	-0.75%	10,474
13,500	1	13,200	-1.12%	12,972
13,500	2	13,150	-1.50%	17,721
13,500	1	13,100	-1.87%	9,872
13,500	100	13,050	-2.25%	9,268
165,527		▼-55,489		110,038
3,446		시간외		

그리고 호가창에 색깔을 표시해서 매매 시 직관적으로 오늘의 저가 및 고가 VI 정적가 및 현재가를 표시하는 방법을 알려드리겠습니다.

92페이지 자료처럼 톱니바퀴 모양을 누릅니다. 그러면 현재가 설정이라는 팝업창이 나옵니다. 여기에서 보기 옵션을 모두 체크 표시를 하면, 왼쪽 호가창에 빨간색 연두색 파란색 등 색깔 표시가 나와서 장중 호가창을 볼 때 매우 유용하고, 직관적으로 현재가의 상태가 어디까지 도달했는지 계산하지 않아도 알 수가 있습니다.

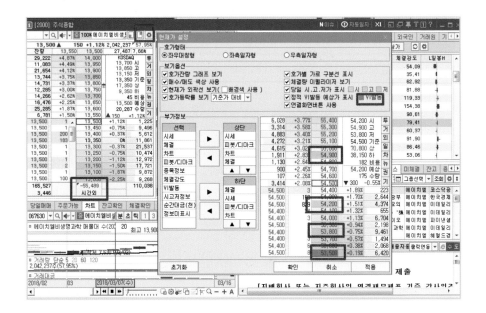

대성창투 종목을 장을 마치고 검색을 해서 조건에 맞는 종목인지
를 체크해보니 부합되는 종목입니다.

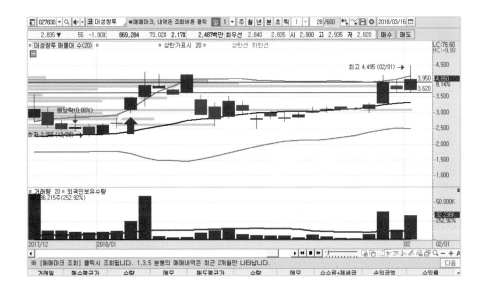

제일 먼저 불끈봉의 종가(3,950원) 및 센터 가격(3,620원)을 차트의 화면에 그림과 같이 그려 넣습니다. 종가 아래에서 시초가가 형성되어서 거래가 시작된다면 이 매매법이 중단 시초가 단타 매매법입니다.

다음 날 시가가 종가 아래인 3,840원(-2.78%) 갭 하락으로 시작을 했습니다.

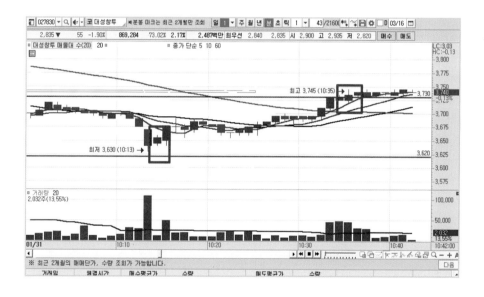

9시 정각에 3,840원을 시초가로 장이 시작합니다. 그러나 이 중단 시초가 단타 매매법은 변동성을 이용한 매매법이 아니므로 무조건 불끈봉의 센터 근처까지 오기를 기다려야 합니다.

센터 가격 근처인 3,620원 근처에 오지 않으면 기다리고 또 기다리고 기다려야 합니다. 기다리지 못하고 매수한다면 고생할 확률이 높습니다. 기다리십시오! 기다리니 10시 14분경 최저점 사인이 나오며 양봉으로 올라갑니다. 이곳이 매수 타점입니다. 호가창 총계가 파란색이 된 것도 확인하면서 매수합니다. 이때는 시장가가 아니라 즉시 매수 호가에 가격을 찍어서 매수하면 됩니다,

아침 9시부터 9시 30분 사이의 변동성이 큰 장보다는 천천히 가기에 조금만 연습하면 잘 대응할 수가 있습니다. 1양봉인 3,650원에 매수합니다. 그리고 바로 매도를 걸어놓습니다. 2% 매도입니다. 그 가격이 3,730원입니다. 매수 이후 20분 후 매도 완료가 되었습니다. 그 매도 시간이 10시 34분입니다.

여기서 오전 2회 매매 중 9시부터 9시 30분까지는 못하고, 2번째 매매가 완료되어 이제 일을 보러 나가고, 종가 시간대인 3시~3시 20분 매매만을 합니다. 원칙 없이 아무 시간대에 매매하는 것이 아니고 이길 수 있는 시간에만 매매하는 것입니다.

폭스브레인 종목을 장을 마치고 검색을 해서 조건에 맞는 종목인지를 체크해보니 부합되는 종목입니다.

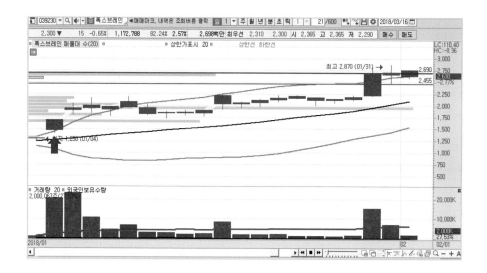

　제일 먼저 불끈봉의 종가(2,690원) 및 센터 가격(2,455원)을 차트의 화면에 그림과 같이 그려 넣습니다. 종가 아래에서 시초가가 형성되어서 거래가 시작된다면 이 매매법이 중단 시초가 단타 매매법입니다.

　다음 날 시가가 종가 아래인 2,660원(-1.12%) 갭 하락으로 시작을 했습니다.

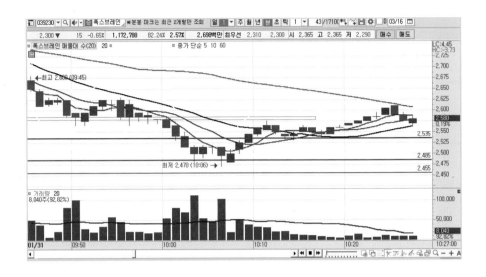

이제 9시 정각 2,660원을 시초가로 장이 시작합니다. 그러나 이 중단 시초가 매매법은 변동성을 이용한 매매법이 아니므로, 무조건 불끈봉의 센터 근처까지 오기를 기다려야 합니다.

센터 가격 근처인 2,455원 근처에 오지 않으면 기다리고 또 기다리고 기다려야 합니다. 기다리지 못하고 매수를 한다면 고가에 매수해서 한동안 고생을 할 확률이 높습니다. 기다리십시요! 기다리니 10시 6분경 최저점 사인이 나오며 다음 봉에서 양봉으로 올라갑니다. 이곳이 매수 타점입니다.

호가창 총계가 파란색이 된 것도 확인하면서 매수합니다. 이때는 시장가가 아니라 즉시 매수 호가에 가격을 찍어서 매수하면 됩니다.

아침 9시부터 9시 30분 사이의 변동성이 큰 장보다는 천천히 가기에 조금만 연습하면 잘 대응을 할 수가 있습니다.

1분 양봉인 2,485원에 매수합니다. 그리고 바로 매도를 걸어놓습니다. 2% 매도입니다. 그 가격이 2,535원입니다. 바로 2분 후 매도 완료가 되었습니다. 그 매도 시간이 10시 9분입니다.

자! 여기서 상단 시초가 단타 매매 및 중단 시초가 단타 매매의 매매 가능 시간을 눈치챌 수가 있을 것입니다. 전날 불끈봉이 나온 종목 중에서 아침에 갭 상승 한 종목과 갭 하락한 종목을 분류해서 갭 상승했으면 상단 시초가 단타 매매를 하고, 갭 하락했으면 중단 시초가 단타 매매를 합니다.

다시 정리하면, 이렇습니다.

상단 시초가 단타 매매	9시~ 9시 30분	갭 상승이나 전날 종가
중단 시초가 단타 매매	10시~10시 30분	갭 하락

이 시간 외에는 거래한다면 실패만 있으니 꼭 명심하시고, 아무 시간대에 거래하면 안 됩니다.

에이티넘인베스트 종목을 장을 마치고 검색을 해서 조건에 맞는 종목인지를 체크해보니 부합되는 종목입니다.

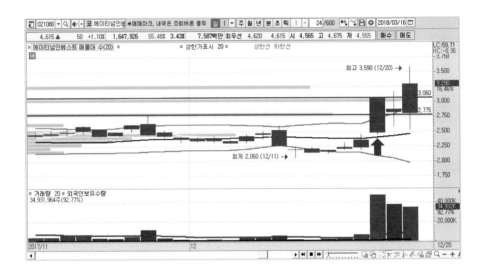

제일 먼저 불끈봉의 종가(3,060원) 및 센터 가격(2,775원)을 차트의 화면에 자료와 같이 라인을 그려 넣습니다. 종가 아래에서 시초가가 형성되어서 거래가 시작된다면 이 매매법이 중단 시초가 단타 매매법입니다.

다음 날 시가가 종가 아래인 2,870원(-6.21%) 갭 하락으로 시작했습니다.

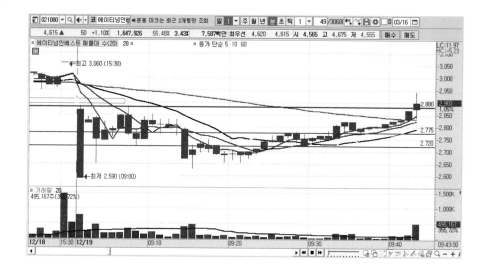

에이티넘인베스트의 매매 시간이 다르게 형성되어서 이 종목을 소
개합니다. 전날 불끈봉이 나온 종목 중에서 아침에 갭 상승한 종목과
갭 하락한 종목을 분류해서 갭 상승했으면 상단 시초가 단타 매매를
하고, 갭 하락했으면 중단 시초가 단타 매매를 합니다.

그런데 중단 시초가 단타 매매 시간이 아닌데도 바로 갭 하락해 불
끈봉의 센터로 바로 간다면, 이때는 예외로 호가창 및 거래량 등을
보면서 대응해야 수익을 더 창출할 수가 있습니다.

이제 9시 정각 2,660원을 시초가로 장이 시작합니다. 바로 1분봉
에서 불끈봉의 센터 가격(2,775원) 및 -2%(2,720원) 가격까지 내려갑
니다. 이때는 10시까지 기다리지 않습니다. 이때는 상단 시초가 단

타 매매 방식처럼 1분봉, 2분봉은 기다립니다. 2분까지는 매매하지 않고 인내로 기다려야 합니다. 흘러내리는 것이 무서우니 양봉이 나올 때까지는 기다리는 것입니다.

4분봉에서 양봉이 나옵니다. 바로 시장가로 매수 버튼을 누릅니다. 2,760원에 매수되었습니다. 그러나 중단 시초가 단타 매매법은 보통 2% 매도하지만, 지금은 9시 30분 전이라 약간 올려서 3%에 매도합니다. '235 매도 법칙'에서 3%로 매도하는 것입니다. 6분봉에서 매도되었습니다. 3%가 2,850원입니다.

이때 매매를 마치고 9시 30분 전에 한 번 더 센터 가격 근처에 온다면 기회를 다시 준 것이니 바로 매수에 들어갑니다. 매도를 마치고 센터 및 센터 -2%까지를 매수 타점으로 보고 기다리니 다시 매수 기회가 옵니다. 그래서 9시 17분 양봉에서 -2% 가격인 2,720원에 다시 매수합니다.

다시 3%(2,800원)에 매도를 바로 겁니다. 매수 후 17분이 지나 2,800원에 전량 매도 성공했습니다. 이 중단 시초가 단타 매매법은 변동성을 이용한 매매법이 아니지만, 9시 30분 전에 불끈봉 센터 근처까지 온다면 매수하는 것입니다.

센터 가격 근처인 2,775원 근처에 오지 않으면 기다리고 또 기다리고 기다려야 합니다. 기다리지 못하고 매수를 한다면 고가에 매수해서 한동안 고생을 할 확률이 높습니다. 기다리십시오! 기다리면 매수 타점 자리는 반드시 옵니다

호가창 총계가 파란색이 된 것도 확인하면서 매수합니다. 이때는 시장가가 아니라 즉시 매수 호가에 가격을 찍어서 매수하면 됩니다,

아침 9시부터 9시 30분 사이는 변동성이 매우 큰 시간대입니다. 이 시간대에서의 매매가 하루 수익의 많은 부분을 차지하고 성공 확률도 매우 높습니다. 여기서 오전 2회 매매 중 9시부터 9시 30분까지 2번째 매매가 완료되는 행운을 맞은 것입니다. 잠깐 사이 6%의 수익을 내는 쾌거입니다. 정말 행운입니다.

강조하지만, 원칙 없이 아무 시간대에 매매하는 것이 아니고, 이길 수 있는 시간에만 매매하는 것입니다. 정말 중요한 사항입니다.

30분
불끈봉 매매

30분 불끈봉 매매

상단 및 중단 시초가 단타 매매를 마치면 11~1시까지는 매수를 자제하고 매매하지 않는 휴식 시간입니다. 그 휴식이 지나 오후 1시부터는 내일 추천주로 나올 불끈봉을 미리 선취매합니다. 지금부터 그 방법을 알려드리도록 하겠습니다.

검색식에서 오후 1시부터 30분봉상 불끈봉이 나타난 종목을 단타로 매매합니다. 무척 신뢰가 높고 성공률이 좋은 매매법입니다. 오전에 시초가 단타 매매를 2회 정도 마치고 2시간 정도 휴식 후 오후 1시부터 30분봉 단타 매매를 시도합니다.

먼저 세원셀론텍 3월 15일 매매를 설명해드리겠습니다. 오후 1시 전에 19% 바디를 가진 30분봉 불끈봉이 나타난 것을 확인합니다. 무척 센 놈입니다. 19% 바디를 가진 30분봉 불끈봉 이후 어느 가격 대에서 지지가 되는지 라인을 긋습니다. 지지선을 긋는 방법은 키움증권 차트화면 우측에서 수평선을 한 번 클릭해서 원하는 캔들에 클릭하면 라인이 만들어집니다.

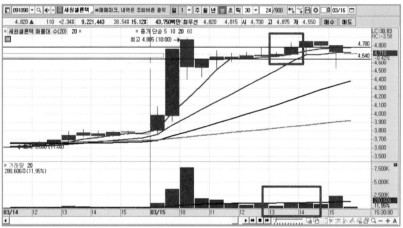

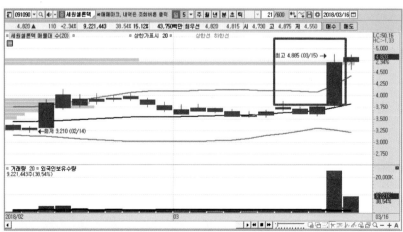

4,640원 지지 가격을 약 4회 지지한 4중 바닥을 확인했습니다. 이같이 조건검색식에서 30분봉 불끈봉이 나온 종목이 오후 1시쯤에 보통 2~3개 정도 나타납니다. 그중 수급이 좋고 뉴스, 테마 및 호재가 있는 종목을 보고 오후 1시 전에 30분봉상 불끈봉이 나타난 것을 찾은 것입니다.

30분봉상 불끈봉과 지지선을 확인하고, 지지선 위인 4,680원에 오후 1시쯤에 매수합니다. 그리고 곧바로 3% 위에 매도를 걸어놓습니다. 3% 위가 4,820원입니다.

3월 15일, 30분봉 불끈봉 매매를 마친 세원셀론텍은 장 마감 후에 다음 날 시초가 단타 매매를 위한 장 마감 후에 4가지 조건에 충족해 추천된 종목입니다.

> 1. 장 마감후 시세 분석에서 상한가 및 상승률 20% 이상 종목 선정
> 2. 불끈봉 4가지 조건
> 3. 부실징후 제거 9가지 조건
> 4. 뉴스, 테마 및 호재 검색

이 매매를 마치면 3시부터 다음 장에서 설명해드릴 종가 매매를 상단 및 중단 시초가에 매매한 종목으로 거래하게 됩니다.

다시 하루의 매매를 정리해보겠습니다.

1. 9시~9시 30분 : 상단 시초가 단타 매매
2. 10시~11시 : 중단 시초가 단타 매매
3. 1시~2시 30분 : 30분 불끈봉 매매
4. 3시~3시 19분 : 상단 종가 단타 매매

이와 같이 보통 단타 매매를 하루에 4회 정도 거래합니다.
모두 신뢰성 있고 수익률이 좋은 매매법입니다.

선도전기 3월 19일 매매를 설명드리겠습니다. 9시부터 9시 30분
까지 바디 몸통이 22%인 30분봉이 검색식에 나타났습니다. 오후 1
시부터 롱바디 양봉바디를 가진 30분봉 불끈봉이 나타난 것을 보고
지지 라인이 어디인지를 찾아봅니다. 무척 센 놈입니다.

30분 불끈봉 이후 어느 가격대에서 지지되는지 라인을 긋습니다.
12시 30분쯤 6,670원에서 지지가 되고 있습니다. 지지선을 확인 후
매수하고 바로 2% 위에 매도를 걸어놓습니다. 바로 몇 분 후 6,660
원에 매도되었습니다.

다시 1시경 6,530원에 지지가 형성되는 것을 확인했습니다. 지지
선을 확인 후 매수하고 바로 2% 위에 매도를 걸어놓습니다. 몇 분

후 6,660원에 매도되었습니다.

1시 이후 지지 라인이 두 번 형성되는 것을 보고 장중 오후 단타 매매를 2회 시도해 두 번 모두 성공하고 매매를 마쳤습니다.

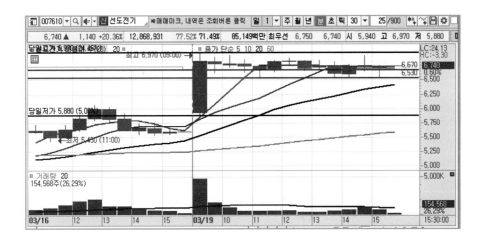

2회 지지한 쌍바닥을 확인하고 매수해 2% 위에서 모두 매도했습니다. 이같이 조건검색식에서 30분봉 불끈봉이 나온 종목이 오후 1시쯤에 보통 2~3개 정도 나타납니다.

그중 수급이 좋고 뉴스, 테마 및 호재가 있는 종목을 보고 1시 전에 30분봉상 불끈봉이 나타난 것을 찾은 것입니다.

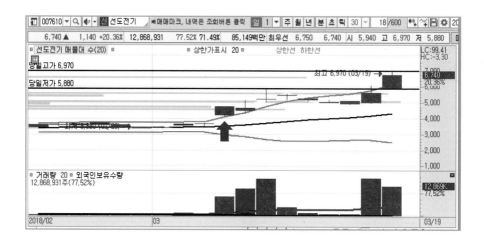

KPX생명과학 3월 16일 매매를 설명해드리겠습니다.

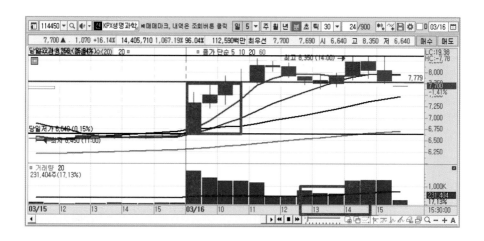

9시부터 10시 30분까지의 30분봉 3개를 하나의 불끈봉으로 봅니다. 롱바디 양봉을 가진 30분봉 불끈봉이 나타난 것을 확인합니다.

무척 센 놈입니다. 30분 불끈봉 이후 어느 가격대에서 지지가 되는지 라인을 긋습니다. 7,780원에서 지지가 되고 있습니다. 7,780원 지지 가격을 2회 지지한 쌍바닥을 확인했습니다.

다시 한번 반복하지만, 이같이 조건검색식에서 30분봉 불끈봉이 나온 종목이 보통 1시쯤에 2~3개 정도 나타납니다. 그중 수급이 좋고 뉴스, 테마 및 호재가 있는 종목을 보고 1시 전에 30분봉상 불끈봉이 나타난 것을 찾은 것입니다.

30분봉상 불끈봉과 지지선을 확인하고, 지지선 위인 7,800원에 1시쯤 매수합니다. 그리고 바로 3% 위에 매도를 걸어놓습니다. 3% 위가 8,040원입니다.

매수 후 30분도 되지 않아 매도하고 수익을 얻었습니다.

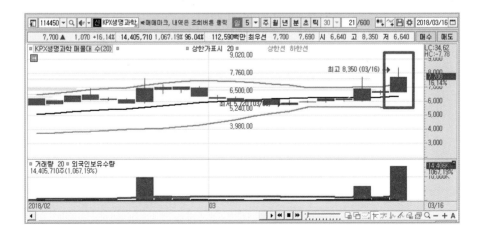

이번에는 3월 15일, 국동이라는 종목으로 설명해드리겠습니다.

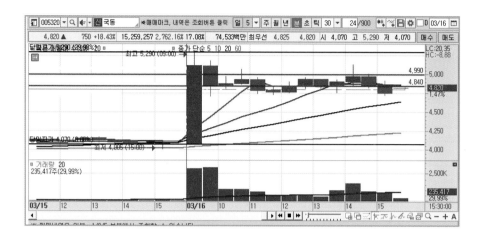

오후 1시 전에 26% 바디를 가진 30분봉 불끈봉이 나타난 것을 확인합니다. 무척 센 놈입니다. 26% 바디를 가진 30분봉 불끈봉 이후 어느 가격대에서 지지가 되는지 라인을 긋습니다.

4,840원 지지 가격을 약 5회 지지한 5중 바닥을 확인했습니다.

30분봉상 불끈봉과 지지선을 확인하고 지지선 위인 4,840원에 1시쯤 매수합니다. 바로 3% 위에 매도를 걸어놓습니다. 3% 위가 4,990원입니다. 30분 내로 매도하고 완료되었습니다.

우리가 하는 매매는 고점을 돌파할 때 매수하는 돌파 매매가 아니라 불끈봉이 나온 후 지지선을 다지는 것을 확인하고 들어가는 눌림목 매매입니다.

마지막으로 다시 정리합니다.

1. 오후 1시부터 검색식에서 1시 전 30분봉상 불끈봉이 있는 종목을 확인
2. 30분봉상 불끈봉 이후 지지가격대 확인해서 그 가격대에서 매수
3. 매수 후 3% 위에 바로 매도 예약

종가
단타 매매

01

상단 종가
단타 매매

상단 종가 단타 매매법은 종가라는 이름이 붙어 있듯이 오후 3시부터 3시 30분 사이에 하는 매매법입니다. 바쁜 경우 종가 동시호가에서 매수해서 다음 날 아침에 매도하는 방법입니다.

종목은 아침에 상단 시초가 단타 매매를 한 종목을 선정해서 매수합니다. 물론 매수 당일 오후 4시부터 6시 사이, 장외 단일가 매매에서 2% 이상 수익이 나면 당일에도 매도할 수 있습니다.

필자는 '쌀사비팔빼'의 원칙으로 2~3% 수익이 장외단일가에서 나오면 바로 매도합니다. 다음 날 시초가 상단 단타 매매에 더 많은 자금을 투여할 수가 있으니 자금 활용 면에서 유리합니다.

이 매매법은 직장인이나 시간이 없는 외근이 많은 분, 그리고 초보자도 단시간에 쉽게 배워서 써먹을 수 있는 방법입니다.

1. 정규 매매 : 09:00~15:20

주식의 정규 매매 시간입니다. 오전 9시에 시작해서 3시 20분에 보통 매매가 진행됩니다. 오후 3시 20분이 되면 장 마감을 위해 3시 30분까지 동시호가 10분 동안 단일가 매매가 진행됩니다. 단일가 매매 시간이 되면 호가창이 매도 3호가, 매수 3호가로 호가창이 줄어들고, 그중에서 매도와 매수가 합치된 가격 하나로만 체결된 후 종가로 마무리하게 됩니다.

2. 장 마감 동시호가 : 15:20~15:30(10분)

이 시간대에는 장을 마감하기 위해 10분 동안 매도와 매수 호가를 모으게 됩니다. 마지막 3시 30분이 되면 매도, 매수가 일치되는 하나의 가격만 체결되는 방식입니다. 이것을 단일가 매매 방식이라고도 합니다. 즉, 10분 동안 거래가 정지된 상태에서 매도자와 매입자의 주문을 모두 모아 매도, 매수가가 맞는 하나의 가격만 체결이 되는 것입니다. 꼭 매수하고 싶다면 호가창의 맨 위에 있는 가격을 입력해야 매수가 됩니다.

3. 장 개시 동시호가 : 08:40~09:00

장 시작 전 단일가 매매로 주식을 사고팔 수 있는 시간대입니다. 이 시간대에 주식을 꼭 매수하고자 한다면 높은 가격에 호가를 내면 됩니다. 만약 전날 종가보다 높은 가격으로 사고자 하는 사람이 많다면 그날 해당 종목은 갭 상승하면서 출발하게 됩니다. 전날 장외 시간에 악재가 터졌다면 서로 팔려는 주문이 몰리면서 전날 종가보다 가격이 하락하며 갭 하락으로 출발하게 됩니다.

4. 시간 외 거래 : 장전 시간 외(08:30~08:40), 장후 시간 외(15:40~16:00)

시간 외 거래는 장전과 장후의 2가지가 있습니다. 장후 시간 외 거래는 당일 장이 마감한 후 종가로 주식을 살 수 있는 시간입니다. 호가창에서는 장후 시간 외를 선택한 후 호가를 내면 됩니다. 장전 시간 외는 전날 매수하지 못한 주식을 장이 시작하기 전에 그 전날의 종가로 매입하는 시간입니다. 호가창에서는 장전 시간 외를 선택하고 호가를 냅니다.

5. 시간 외 단일가 매매 : 16:00~18:00

시간 외 종가 매매 이후 오후 4시부터 6시까지 10분 단위로 단일가 매매 체결이 이뤄지는 방식으로 시간 외 거래는 하루에 총 12회 매매가 이뤄지게 됩니다. 가격 변동은 정규 시장의 가격 제한 폭 범위 내에서 당일 종가를 기준으로 ±10% 한도로 허용됩니다(상, 하한가 10%).

다음 자료는 4시부터 장 외 단일가 매매를 할 수 있는 화면입니다 (0339). 10분 단위로 매매됨을 알 수 있고, 짜릿하고 흥미로운 매매법입니다.

이렇게 내일의 주가 향방도 알 수 있고, 일주일에 한 번 정도는 오후 3시 20분에 산 종목을 1~2시간 만에 2~3% 수익을 낼 수 있어 아주 재미있는 매매법입니다.

이러한 장 외 단일가 매매법은 주식 투자를 오래 한 분들도 모르는 경우가 많이 있습니다. 배워서 써먹으면 반드시 많은 수익을 창출할 수 있는 우수한 매매법입니다.

상한가는 당일 종가의 10%, 하한가는 당일 종가의 10%로 형성이 되고 있고, 1달에 한 번 정도는 본인이 매수한 종목을 상한가에 파는 경우가 많이 나옵니다. 우리가 하는 종목이 아침에 상단 시초가 단타 매매하는 종목이므로 뉴스, 테마 및 호재가 있는 시장의 수급이 많이 들어온 종목이기 때문입니다.

장중에 시간이 없는 직장인이나 외근이 많은 분에게 유용한 매매법이고, PC의 HTS만이 아닌 핸드폰의 MTS에서도 시간에 매이지 않고 누구나 할 수 있는 아주 쉽고 성공 확률이 무척 높은 매매법입니다.

상단 종가 매매법은 센 놈이기에 전날 매수해서 다음 날 아침 시작과 동시에 큰 변동성을 이용해 갭 상승하는 경우, 바로 시장가로 매도하고 2~3%인 수익률에 미치지 못하면, 오전 중 기다리면 그 가격에 매도할 수 있습니다.

잠시 원나잇으로 단타 매매 수익을 내는 방법이므로 매수는 오후 3시 19분쯤 합니다. 물론 종가 동시호가인 3시 20~30분 사이에 매수하기도 합니다. 시간이 없거나 조용한 성격의 투자 성향을 가진 분들에게 잘 맞는 투자법입니다. 불끈봉을 중심으로 매매의 기준을 잡는 것은 필자의 매매 기법 전체에 공통적으로 적용되는 기본 조건입니다.

| 실전 매매 | 두산엔진 3월 15일

3월 15일 아침에 두산엔진을 상단 시초가 단타 매매로 매매했습니다. Chapter 2의 상단 시초가 단타 매매 두산엔진 편을 보면 잘 이해할 수가 있습니다.

아래 파란 화살표가 보이는 날이 시세 분석의 상한가란에서 포착되었습니다. 이 부분이 잘 이해가 안 되는 분은 다시 앞으로 돌아가셔서 불끈봉에 대해서 다시 한번 공부를 하시고 이 장을 읽어나가도록 하세요.

그다음 4가지 조건에 맞는 종목인지를 체크해보니 부합되는 종목입니다.

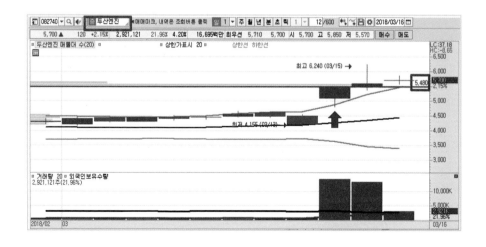

3월 15일 종가의 가격이 5,580원입니다. 3시 19분 30초에 매수합니다. 그리고 그다음 날 시초가가 갭 상승을 한 것이 보입니다. 시초가는 2.15% 상승한 5,700원입니다. 하룻밤 자고 아무것도 한 것 없이 바로 2.15% 수익 달성에 성공한 것입니다. 재미있는 매매법입니다.

1분봉으로 다시 설명해드리겠습니다.

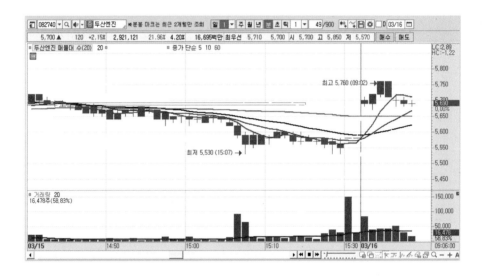

만일 3시 19분 30초에 매수하지 않고 그전에 매수했다면 어떤 결과가 있었는지 바로 알 수가 있습니다. 3시 19분 30초 가격이 오히려 종가인 5,580원보다 낮은 5,560원입니다. 종가보다 20원 더 싸게 매수해 수익이 더 창출된 경우입니다. 분봉을 보면 이때가 가장 낮게 살 수 있었던 시간입니다.

다음 날 분봉을 보면 바로 갭 상승한 것을 볼 수가 있습니다. 조금 더 수익을 내려면 '235법칙(2%, 3%, 5%)'으로 매도를 분할로 걸어 놓습니다. 5,560원의 3%는 5,730원입니다. 다음 날 9시 3분에 모두 매도되었습니다. 이 방법이 상단 종가 단타 매매법입니다.

불끈봉 종가 가격의 상단 및 같은 가격에서 다음 날 시가가 형성 되어서 거래가 시작된 종목을 종가에 사서 다음 날 매도하는 방법 이고, 이 방법이 상단 종가 단타 매매법입니다. 불끈봉의 종가 위에서 매수하는 매매법이기에 상단 종가 단타 매매법이라고 명명했습니다. 장을 마치고 3시 20분~30분 사이에도 종가 동시호가를 보면, 종가가 어디서 마칠지를 알 수가 있습니다.

다음 자료의 중간쯤 예상이라고 보이는 부분을 보면 오후 3시 20~30분 사이에 종가를 형성한 것을 알 수가 있습니다.

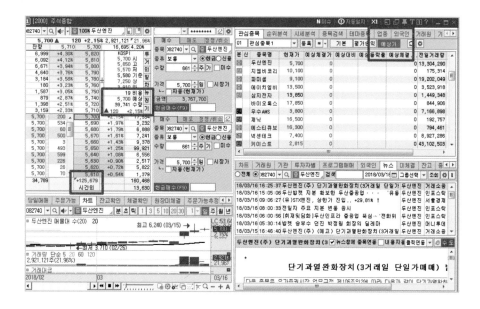

다음 날 갭 상승해서 바로 매도하려면 시장가로 전량 매도하면 됩니다. 시장가 체크하는 부분을 누르면 가격을 적지 않아도 그 당시 형성 가격으로 바로 1초도 안 되어서 매도됩니다.

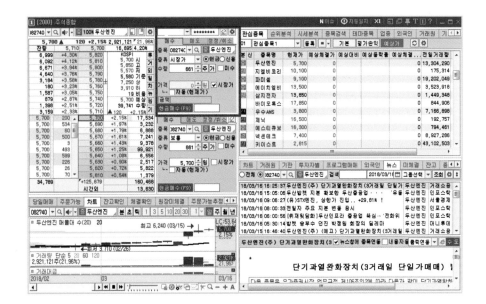

주식 불끈봉 비법서

| 실전 매매 | 세원셀론텍 3월 19일

세원셀론텍 3월 19일 매매 실전입니다. 일단 불끈봉을 중심으로 매매의 기준을 잡습니다. 3월 19일에 시세 분석의 상승란에서 세원셀론텍이 포착되었습니다.

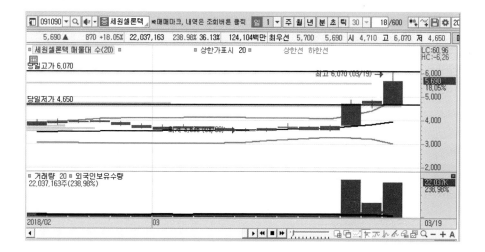

미리 뉴스를 보고 불끈봉 종목을 선정하는 것이 아니고, 장을 마친 후 시세 분석란의 상한가 및 상승에서 불끈봉 조건에 의해서 물건을 찾아보니 세원셀론텍이 3월 19일에 포착된 것입니다.

이같이 포착된 종목을 보고 뉴스, 테마 및 호재를 네이버 검색을 통해서 찾아보는 것이 순서입니다. 뉴스를 찾아보니 앞으로 시장 수급이 들어와 상승의 여력이 높은 종목임을 알 수가 있습니다.

그다음 4가지 조건에 맞는 종목인지를 체크해보니 부합되는 종목입니다.

3월 19일 종가의 가격이 4,820원입니다. 이 가격은 동시호가에서 형성된 가격입니다. 우리는 오후 3시 19분 30초에 매수를 할 것입니다. 그리고 그다음 날 시초가에 갭 상승을 하지 않았지만, 매수가인 4,820원의 3%인 4,970원에 매도를 걸어 전량 매도를 했습니다.

시초가 동시호가에서 갭 상승을 하지 않아도 보통 오전 중에 2~3%의 매도 수익을 안겨주는 매매법이 종가 매매법입니다. 이 방법이 상단 종가 단타 매매법입니다.

이 상단 종가 매매법은 불끈봉 종가 가격의 상단 및 종가 가격에서 다음 날 같은 가격인 시가로 형성되어서 거래가 시작된 종목을 종가에 사서 다음 날 매도하는 방법입니다. 우리가 공부하는 불끈봉의 종가 위에서 매수하는 매매법이기에 상단 종가 단타 매매법이라고 명명했습니다.

| 실전 매매 | 파미셀 3월 15일

파미셀 3월 15일 매매 실전입니다. 일단 불끈봉을 중심으로 매매의 기준을 잡습니다. 3월 14일 아래 파란 화살표가 보이는 날이 시세분석의 상한가란에서 포착되었습니다.

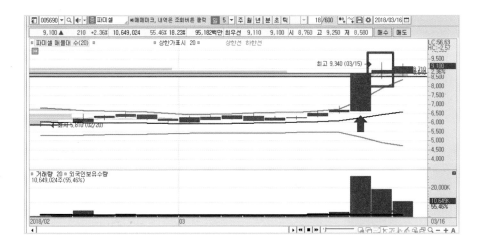

미리 뉴스를 보고 불끈봉 종목을 선정하는 것이 아닙니다. 장을 마친 후 불끈봉의 4가지 조건을 통해 물건을 찾아보니 파미셀이 3월 14일에 포착된 것입니다.

이같이 포착된 종목을 보고 뉴스, 테마 및 호재를 네이버 검색을 통해서 찾아보는 것이 순서입니다. 뉴스를 찾아보니 간경변 치료제 및 여러 건의 뉴스가 있습니다. 앞으로 시장의 수급이 들어와 상승의 여력이 높은 종목임을 알 수가 있습니다.

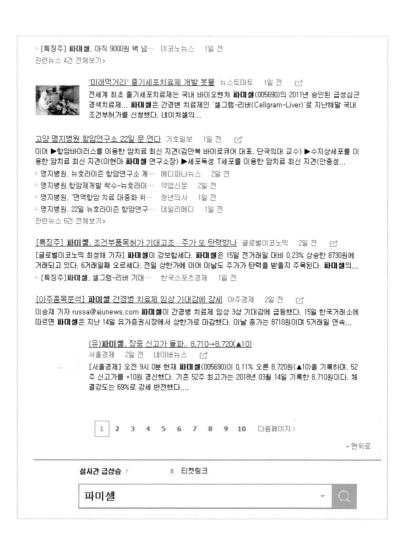

　　3월 15일 파미셀을 아침에 상단 시초가 단타 매매로 매매했습니
다. 다시 앞 장의 상단 시초가 단타 매매 파미셀 편을 보면 잘 이해
할 수가 있습니다. 파란 화살표가 보이는 날이 시세 분석의 상한가
란에서 포착되었습니다.

이 부분이 잘 이해가 안 되는 분은 처음으로 돌아가 불끈봉에 대해서 다시 한번 공부하시고 이 장을 읽어나가야 합니다. 반드시 불끈봉을 이해하고 매매 기법을 공부해야 합니다. 제가 알려드리는 모든 매매의 기본은 불끈봉이기 때문입니다.

그다음 4가지 조건에 맞는 종목인지를 체크해보니 부합되는 종목입니다.

3월 15일 종가의 가격이 8,890원입니다. 이 가격은 동시호가에서 형성된 가격입니다. 동시호가에서 갭 상승한 것입니다.

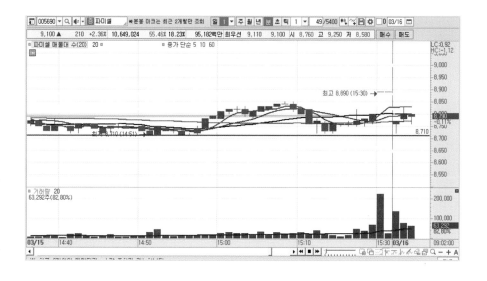

종가 매매는 3시 19분 30초에 매수합니다. 8,790원에 매수가 되었

고, 10분 뒤에 1.1%의 수익을 내고 나옵니다. 이것이 종가 매매의 진정한 묘미입니다.

또한 그다음 날에 시초가에 갭 상승을 하지 않았지만, 매수가인 8,790원의 3%인 9,060원에 매도를 걸어 11시 34분에 전량 매도를 했습니다. 바로 동시호가에서 갭 상승을 하지 않아도 보통 오전 중에 2~3%의 매도 수익을 안겨주는 것이 종가 매매법의 패턴입니다.

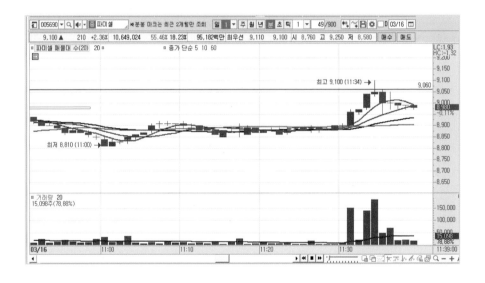

하룻밤 자고 아무것도 한 것 없이 바로 오전에 3% 수익 달성에 성공한 것입니다. 재미있는 매매법입니다. 이 방법이 상단 종가 단타 매매법입니다.

| 실전 매매 | 삼일제약 3월 7일

삼일제약 3월 7일 매매 실전입니다. 일단 불끈봉을 중심으로 매매 기준을 잡습니다. 3월 6일 아래 파란 화살표가 보이는 날이 시세 분석의 상한가란에서 포착되었습니다.

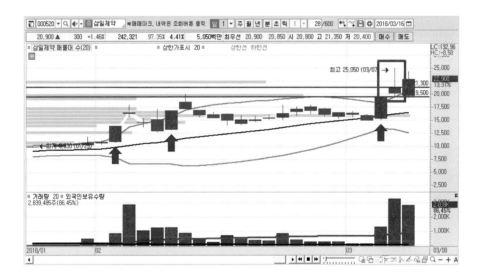

미리 뉴스를 보고 불끈봉 종목을 선정하는 것이 아니고, 장을 마친 후 시세 분석란의 상한가 및 상승에서 불끈봉의 4가지 조건을 살펴보니 삼일제약이 3월 6일에 포착된 것입니다.

이같이 포착된 종목을 보고 뉴스, 테마 및 호재를 네이버 검색을 통해서 찾아보는 것이 순서입니다. 뉴스를 찾아보니 여러 건의 뉴스

를 통해, 앞으로 시장의 수급이 들어와 상승의 여력이 높은 종목임을 알 수가 있습니다.

3월 7일 종가의 가격이 20,200원입니다. 이 가격은 동시호가에서 형성된 가격입니다. 동시호가에서 상승한 것입니다.

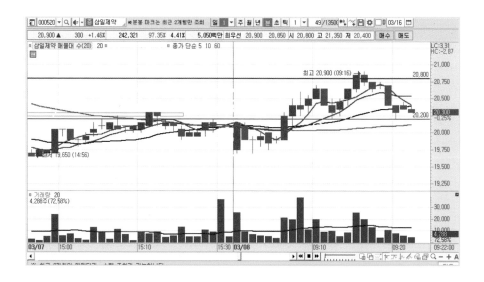

우리는 3시 19분 30초에 매수할 것입니다. 20,100원에 매수가 되어 잠시 10분 사이에 100원 더 수익을 내고 있습니다. 이것이 종가 매매의 묘미입니다.

또한 그다음 날 시초가에 갭 상승을 하지 않았지만, 매수가인 20,100원의 3%인 20,800원에 매도를 걸어 9시 15분에 전량 매도를 했습니다.

동시호가에서 갭 상승을 하지 않아도 보통 오전 중에 2~3%의 매도 수익을 안겨주는 매매법이 종가 매매법입니다. 아무것도 한 것 없이 하룻밤 자고 바로 오전에 3% 수익 달성에 성공한 것입니다.

이 상단 종가 단타 매매법을 오래 거래하다 보면 다른 매매법보다 안정된 수익을 안겨주는 효자 매매법임을 알 수가 있습니다. 이 종가 단타 매매법은 다른 어떤 매매법보다 쉬우면서 수익이 많이 나고 빠르므로 투자자분들이 무척 좋아하는 매매 기법입니다.

100세 시대에 누구나 배워 바로 수익을 창출할 수 있는 매매 기법을 반드시 숙달시켜 성공적인 결과를 내기를 바랍니다. 무한 연습만이 답입니다. 많은 차트를 보며 훈련을 거듭해야 합니다. 혼자서 하면 힘이 들지만, 멘토와 함께한다면 조언과 배움을 통해 자신감을 얻을 수 있습니다.

| 실전 매매 | 에이치엘비생명과학 3월 14일

에이치엘비생명과학 3월 14일 매매 실전입니다. 일단 불끈봉을 중심으로 매매의 기준을 잡습니다. 3월 13일 아래 파란 화살표가 보이는 날이 시세 분석의 상한가란에서 포착되었습니다.

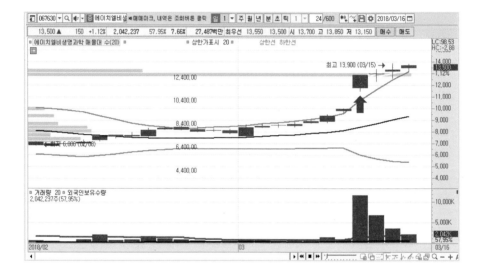

미리 뉴스를 보고 불끈봉 종목을 선정하는 것이 아니고, 장을 마친 후 시세 분석란의 상한가 및 상승에서 불끈봉 조건을 확인하니 에이치엘비생명과학이 3월 13일에 포착된 것입니다.

이같이 포착된 종목을 보고 뉴스, 테마 및 호재를 네이버 검색을 통해서 찾아보는 것이 순서입니다. 뉴스를 찾아보니, 앞으로 시장의 수급이 들어와 상승의 여력이 높은 종목임을 알 수가 있습니다.

3월 14일 종가의 가격이 13,000원입니다. 이 가격은 동시호가에서 형성된 가격입니다. 동시호가와 3시 19분 30초에 매수한 가격이 동일합니다.

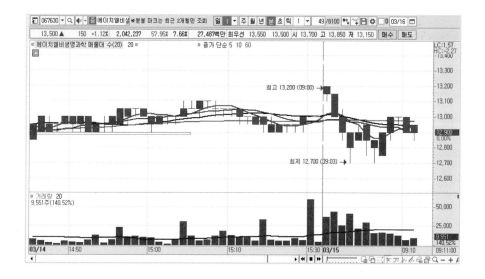

우리는 3시 19분 30초에 매수하는 것입니다. 13,000원에 매수되어 다음 날 시초가에 갭 상승을 하지 않았지만, 매수가인 13,000원의 1.54%인 13,200원에 갭 상승해 전량 매도했습니다.

동시호가에서 갭 상승하면 그 가격에 바로 매도하고, 그 자금을 가지고 상단 시초가 단타 매매에 추가해서 수익을 더 극대화시키기도 합니다. 아무것도 한 것 없이 하룻 밤 자고 일어나니 1.34% 수익을 얻은 것입니다. 재미있는 매매법입니다. 이 방법이 상단 종가 단타 매매법입니다.

| 실전 매매 | 바이오톡스텍 3월 12일

바이오톡스텍 3월 12일 매매 실전입니다. 일단 불끈봉을 중심으로 매매의 기준을 잡습니다. 3월 11일 불끈봉이 보이는 날이 시세 분석의 상승란에서 포착되었습니다.

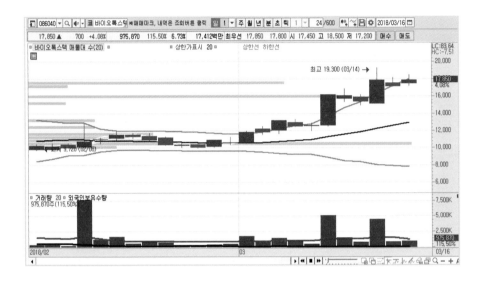

미리 뉴스를 보고 불끈봉 종목을 선정하는 것이 아닙니다. 장을 마친 후에 시세 분석란의 상한가 및 상승을 보고, 불끈봉 조건을 확인해서 물건을 찾아보니 바이오톡스텍이 3월 11일에 포착된 것입니다.

이같이 종목이 포착되면 그 후에 뉴스, 테마 및 호재를 검색해보는 것이 순서입니다. 뉴스를 찾아보니 여러 건의 뉴스가 있음을 알고, 앞으로 시장의 수급이 들어와 상승의 여력이 높은 종목임을 알 수가 있습니다.

3월 12일 종가의 가격이 16,050원입니다. 이 가격은 동시호가에서 형성된 가격입니다. 우리는 동시호가에 매수한 것입니다.

16,050원에 매수가 되어 다음 날 시초가에 갭 상승을 하지 않고 오히려 10.9%인 15,900원으로 시작해 그날 고가 16,150원까지 갔다가, 끝내 2~3% 수익을 내지 못한 경우입니다.

이런 날은 조정을 하루 더 주고 시세를 낸다고 보고, 하루 더 홀딩을 합니다. 그다음 날 3% 수익을 내고 매도를 할 수 있었습니다.

상단 종가 단타 매매에서 바로 다음 날 수익을 주지 않으면, 바로 손절에 들어가지 말고 기다림이 필요하다는 것을 기억합시다.

시장에서 힘이 센 놈이므로 수익을 줍니다. 기다려야 합니다. 이 방법이 상단 종가 단타 매매법입니다.

| 실전 매매 | 네패스신소재 2월 26일

네패스신소재 2월 26일 매매 실전입니다. 제일 먼저 불끈봉을 중심으로 매매의 기준을 잡습니다. 2월 25일 아래 파란 화살표가 보이는 날이 시세 분석의 상한가란에서 포착되었습니다.

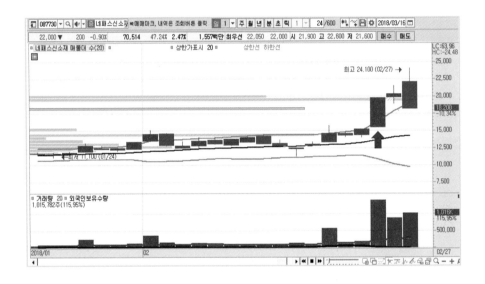

미리 뉴스를 보고 불끈봉 종목을 선정하는 것이 아니고, 장을 마친 후 시세 분석란의 상한가 및 상승에서 불끈봉 조건에 의해서 물건을 찾아보니 2월 25일의 네패스신소재가 포착된 것입니다.

이같이 포착된 종목을 보고 뉴스, 테마 및 호재를 네이버 검색을 통해서 찾아보는 것이 순서입니다. 뉴스를 찾아보니 여러 건의 뉴스

가 있음을 알고, 앞으로 시장의 수급이 들어와 상승의 여력이 높은
종목임을 알 수가 있습니다.

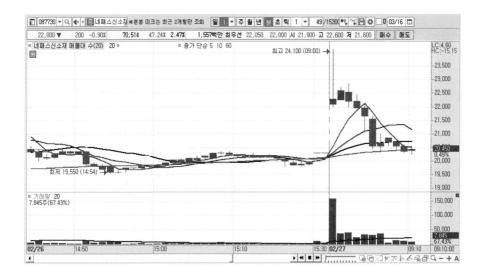

2월 26일 종가의 가격이 20,300원입니다. 이 가격은 동시호가에
서 형성된 가격입니다.

우리는 3시 19분 30초에 매수할 것입니다. 지금 말씀드리는 사례
는 19,900원에 매수가 되어 동시호가에서 바로 수익이 난 경우입니
다. 그다음 날 시초가에 22,100원으로 8.9% 상승했습니다.

아침에 어제 매수가의 약 10% 정도의 수익을 낸 것입니다. 이같
이 높은 갭 상승은 한 달에 한두 번 정도 나오기도 합니다. 매우 좋

은 수익률입니다.

동시호가에서 갭 상승을 하면 그 가격에 바로 매도하고, 해당 자금으로 상단 시초가 단타 매매에 추가해 수익을 극대화시키기도 합니다. 하룻밤 자고 일어나 보니 시초가에 10% 수익을 달성한 것입니다.

중단 종가
단타 매매

중단 종가 단타 매매법은 상단 종가 단타 매매법과 같은 방법으로 오후 3시부터 3시 30분 사이에 하는 매매법입니다. 바쁜 경우 종가 동시호가에서 매수하는 방법입니다. 매매 방법은 상단 종가 매매법과 거의 모든 부분에서 똑같습니다.

그러나 종가 매수하는 가격대가 불끈봉의 종가 아랫부분에서 형성되는 것이 다릅니다. 그리고 매수 후 다음 날 아침에 매도합니다.

종목은 아침에 중단 시초가 단타 매매를 한 종목을 선정해서 매수합니다. 물론 매수 당일 오후 4시부터 6시 사이의 장외 단일가 매매에서 2% 이상 수익이 나면 당일에도 매도할 수 있습니다.

필자는 '쌀사비팔빼'의 원칙으로 2~3% 수익이 장외단일가에서 나오면 바로 매도합니다. 다음 날 시초가 상단 단타 매매에 더 많은 자금을 투여할 수가 있으니 자금 활용 면에서 훨씬 유리합니다.

이 매매법은 직장인이나 외근이 많아 시간이 부족한 분도 쉽게 배워서 할 수 있는 아주 쉬운 매매법이고, 초보자도 단시간에 배워서 써먹을 수 있습니다.

상단 종가 매매 챕터에서도 살펴보았듯이, 다음 자료는 오후 4시부터 장외 단일가 매매를 할 수 있는 화면입니다. 10분 단위로 매매가 되는 것을 알 수 있고, 내일의 주가 향방 또한 알 수 있습니다.

일주일에 한 번 정도는 3시 20분에 산 종목을 1~2시간 만에 2~3% 수익을 낼 수 있기 때문에 장외 단일가 매매는 매우 흥미로운 매매

법입니다.

주식을 오래 한 분들도 이 장외 단일가 매매법을 모르는 경우가 많이 있습니다. 배워서 써먹으면 반드시 많은 수익을 창출할 수 있는 우수하고 좋은 매매법입니다.

상한가는 당일 종가의 10%, 하한가는 당일 종가의 10%로 형성되어 있고, 내가 매수한 종목이 1달에 한 번 정도는 상한가에 파는 경우가 많이 나옵니다.

장중에 시간이 없는 직장인이나 외근이 많은 분에게 유용한 매매법이고, PC의 HTS만이 아닌 핸드폰의 MTS에서도 얼마든지, 누구나 할 수 있는 아주 쉽고 성공 확률이 높은 매매법입니다.

하룻밤으로 단타 매매 수익을 내는 방법이므로 매수는 3시 19분쯤 합니다. 물론 종가 동시호가인 3시 20분~30분 사이에 매수하기도 합니다. 시간이 없거나 조용한 성격의 투자 성향을 가진 분들에게 잘 맞는 투자법입니다. 또한, 불끈봉을 중심으로 매매 기준을 잡는 것은 필자 매매 기법 모두에 공통으로 적용되는 기본 조건입니다.

| 실전 매매 | 에스에프씨 2월 26일

에스에프씨 2월 26일 매매 실전입니다. 일단 불끈봉을 중심으로
매매의 기준을 잡습니다. 2월 25일 아래 파란 화살표가 보이는 날이
시세 분석의 상승란에서 포착되었습니다.

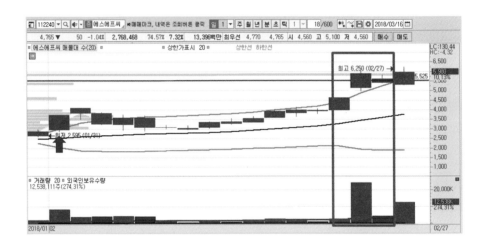

미리 뉴스를 보고 불끈봉 종목을 선정하는 것이 아니고, 장을 마친
후 시세 분석란의 상한가 및 상승에서 불끈봉 조건에 의해서 물건을
찾아보니 에스에프씨가 2월 25일에 포착된 것입니다.

이같이 포착된 종목을 보고 뉴스, 테마 및 호재를 네이버 검색을
통해서 찾아보는 것이 순서입니다. 뉴스를 찾아보니 여러 건의 뉴스
가 있고, 앞으로 시장의 수급이 들어와 상승의 여력이 높은 종목임

을 알 수가 있습니다.

2월 26일 종가의 가격이 5,430원입니다. 이 가격은 동시호가에서 형성된 가격입니다. 우리는 3시 19분 30초에 매수할 것입니다.

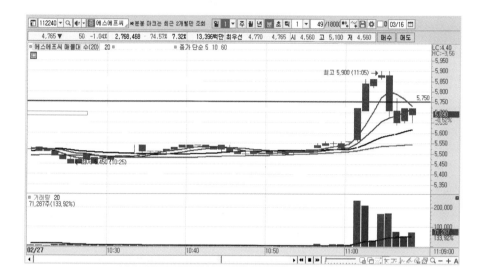

그다음 날 시초가에서도 갭 상승을 하지 못해 매수가에 미치지 못한 채로 시작합니다. 그러나 종가 단타 매매법은 시초가에 갭 상승을 하지 못해 수익을 내지 못하는 경우, 조금 인내하며 기다려 오전 중에 2~3%의 수익을 내고 매도할 수 있습니다.

드디어 11시 3분 2% 매도를 걸어놓은 지점에서 매도되어 익절에 성공했습니다. 5,750원을 지나 5,900원까지 상승했습니다. 이때 수익을 더 내고 매도하고 싶으면 5일선 매매를 하면 됩니다. 5일선을 깨지 않으면 홀딩해서 가지고 가는 것입니다. 이 방법이 중단 종가 단타 매매법입니다.

중단 종가 단타 매매법은 다음 날 시가가 불끈봉 종가 가격 아래에서 형성되어 거래가 시작된 종목을 다음 날 매도하는 방법입니다.

| 실전 매매 | 라이브플렉스 12월 19일

라이브플렉스 12월 19일 중단 종가 매매 실전입니다. 일단 불끈봉을 중심으로 매매의 기준을 잡습니다. 12월 18일 불끈봉이 보이는 날이 시세 분석의 상승란에서 포착되었습니다.

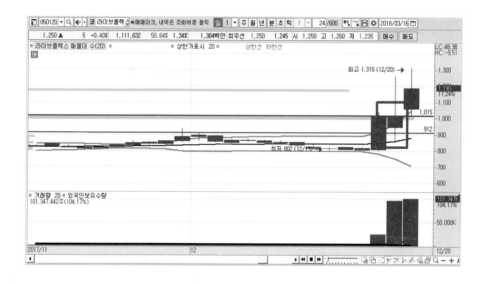

미리 뉴스를 보고 불끈봉 종목을 선정하는 것이 아니고, 장을 마친 후 시세 분석란의 상한가 및 상승에서 불끈봉 조건에 의해서 물건을 찾아보니 라이브플렉스가 12월 18일에 포착된 것입니다.

이같이 포착된 종목을 보고 뉴스, 테마 및 호재를 네이버 검색을 통해서 찾아보는 것이 순서입니다. 여러 건의 뉴스를 통해, 앞으로 시장의 수급이 들어와 상승의 여력이 높은 종목임을 알 수가 있습니다.

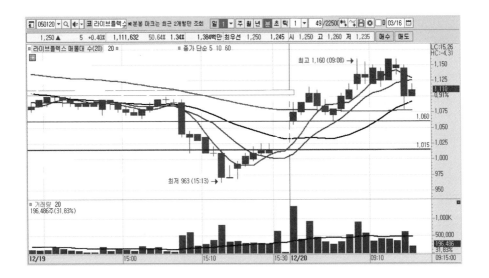

12월 19일 종가의 가격이 1,015원입니다. 이 가격은 동시호가에서 형성된 가격입니다. 우리는 3시 19분 30초에 매수할 것입니다.

1,010원에 매수되어 동시호가에서 5원 상승되었습니다. 그다음 날 시초가에 4.4% 갭 상승해서 1,060원에 전량 시장가 매도를 했습니다.

물론 그 이후 엄청 날아가서 아쉬움이 있습니다. 더 많은 수익을 얻으려면 5일선 매매법을 배우면 됩니다. 5일선을 타고 가면서 10

일선을 마지노선으로 지키면서 계속 홀딩하고, 최후로 10일선을 깨면 모두 다 매도하는 매도법입니다. 매도하는 기준을 주는 매도법입니다.

필자는 시세를 분출하는 종목은 50% 정도는 2~3%에 미리 매도 주문을 걸어 매도하고, 나머지 50%는 5일선 매매로 수익을 더 내는 것으로 배팅합니다.

| 실전 매매 | 대성창투 1월 31일

대성창투 1월 31일 중단 종가 매매 실전입니다. 일단 불끈봉을 중심으로 매매의 기준을 잡습니다. 1월 30일 불끈봉이 보이는 날이 시세 분석의 상승란에서 포착되었습니다.

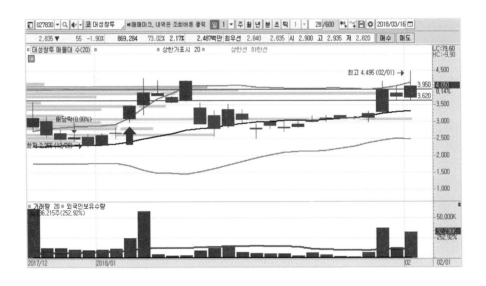

미리 뉴스를 보고 불끈봉 종목을 선정하는 것이 아니고, 장을 마친 후 시세 분석란의 상한가 및 상승에서 불끈봉 조건에 의해서 물건을 찾아보니 대성창투가 1월 30일에 포착된 것입니다.

이같이 포착된 종목을 보고 뉴스, 테마 및 호재를 네이버 검색을 통해서 찾아보는 것이 순서입니다. 여러 건의 뉴스를 통해, 앞으로 시장의 수급이 들어와 상승의 여력이 높은 종목임을 알 수가 있습니다.

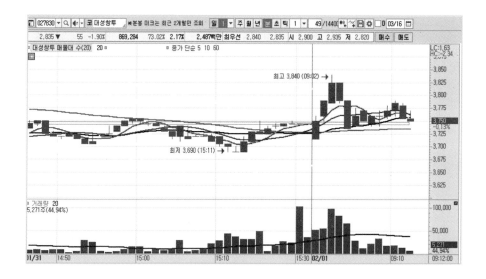

1월 31일 종가의 가격이 3,745원입니다. 이 가격은 동시호가에서 형성된 가격이고, 우리는 3시 19분 30초에 매수할 것입니다.

3,745원에 매수가 되어 동시호가와 같은 가격에 매수되었습니다. 그다음 날 아침 9시 3분에 2%인 3,820원에 전량 매도를 했습니다.

| 실전 매매 | 에이티넘인베스트 12월 19일

에이티넘인베스트 12월 19일 중단 종가 매매 실전입니다. 일단 불끈봉을 중심으로 매매의 기준을 잡습니다. 12월 18일 불끈봉이 보이는 날이 시세 분석의 상한가란에서 포착되었습니다.

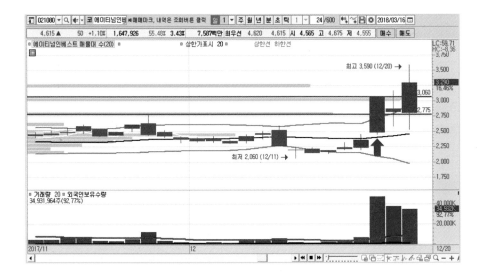

미리 뉴스를 보고 불끈봉 종목을 선정하는 것이 아니고, 장을 마친 후 시세 분석란의 상한가 및 상승에서 불끈봉 조건에 의해서 물건을 찾아보니 12월 18일 에이티넘인베스트가 포착된 것입니다.

이같이 포착된 종목을 보고 뉴스, 테마 및 호재를 네이버 검색을 통해서 찾아보는 것이 순서입니다. 뉴스를 찾아보니 여러 건의 뉴스

가 올라와 있습니다. 이것으로 앞으로 시장의 수급이 들어와 상승의 여력이 높은 종목임을 알 수가 있습니다.

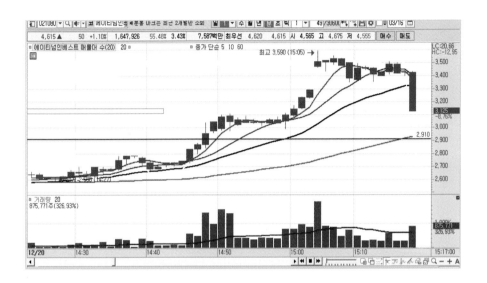

12월 19일 종가의 가격이 2,825원입니다. 이 가격은 동시호가에서 형성된 가격이고, 우리는 3시 19분 30초에 매수할 것입니다.

2,825원에 매수되어 동시호가와 같은 가격에 매수가 되었습니다.

그다음 날 시초가에 갭 상승이 아니라 오히려 하락하고 오전에도 매도를 못 해서 3%에 걸어놓고 계속 홀딩하는 중에 장 마감 전 오후 2시 47분에 3%인 2,910원에 전량 매도가 되었습니다.

물론 그 이후 엄청 날아가서 아쉬움이 있습니다. 그래도 추격 매수를 하면 안 됩니다. 우리는 평정심을 발휘해 다음 매매할 종목을 찾아야지, 절대 추격 매수는 금물입니다.

더 많은 수익을 얻으려면 5일선 매매법을 배우면 됩니다.

5일선을 타고 가면서 10일선을 마지노선으로 지키면 계속 홀딩하고, 최후로 10일선을 깨면 모두 다 매도하는 매도법입니다. 매도하는 기준을 주는 매도법입니다.

필자는 시세를 분출하는 종목은 50% 정도는 2~3%에 미리 매도 주문을 걸어 매도하고, 나머지 50%는 5일선 매매로 수익을 더 내는 것으로 배팅합니다. 오후 3시 5분까지 매도하지 않고 50% 정도의 물량을 가지고 가는 연습을 하면 더 큰 수익을 얻을 수 있습니다.

이 분봉에서 5분선, 10분선, 20분선, 60분선을 설정하는 법을 알려드리겠습니다. 일단 차트에서 왼쪽 위 모서리에 이동평균이라고 검색어를 입력합니다. 그러면 밑에 가격이동평균이 나옵니다. 이를 클릭해서 차트 위에 종가 단순 5, 10, 20, 60이라는 글자가 나오면 차트에 선이 나타납니다.

그 후 종가단순 5, 10, 20을 2번 클릭하면 다음과 같은 화면이 나옵니다. 숫자를 넣는 곳에 5, 10, 20, 60이라는 숫자를 써서 입력합니다.

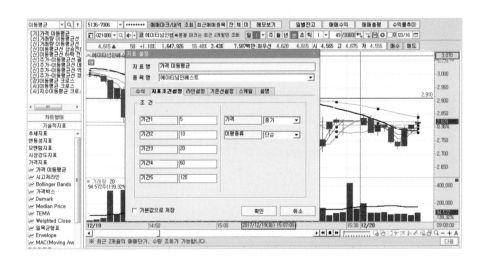

그다음 라인 설정을 눌러 5분선 등 라인 색깔과 라인의 굵기 등을 표시할 수가 있도록 입력하면 차트에 라인들이 색으로 분류되어 표시됩니다.

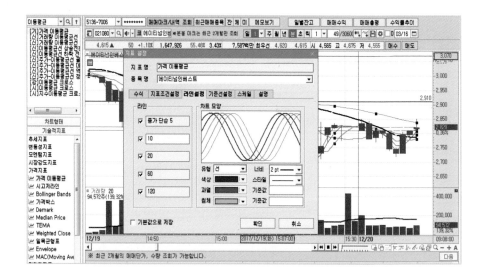

색깔을 빨파검초(5, 10, 20, 60)로 분류해서 5분선 매도 기법을 사용할 때 이 선을 보면서 하는 것이 5분봉 매매 기법입니다.

알고 보면 간단합니다.

스윙 매매

01 스윙 매매

스윙 매매법은 상단 시초가 단타 매매법 및 상단 종가 단타 매매를 마친 종목들을 관심 종목에 스윙이라고 분류하고, 그 종목들로 매매하게 됩니다.

우리가 앞에서 배운 상단 시초가 단타 매매법 및 상단 종가 단타 매매를 마친 종목은 시장에서 수급이 들어오고 뉴스, 테마 및 호재가 붙은 아주 센 놈입니다. 이 종목을 모아서 스윙의 관점으로 매매하는 것이 스윙 매매법이며, 이 매매법은 부자들의 매매법입니다.

단타로 30% 정도의 수익을 낸다면, 이 스윙 매매법은 우리에게 70%의 수익을 안겨주므로 매우 중요한 매매법이라고 할 수 있습니다.

| 실전 매매 | KPX생명과학 2월 7일

KPX생명과학의 2월 7일 파란색 화살표가 있는 상한가가 나온 날부터 설명해드리겠습니다.

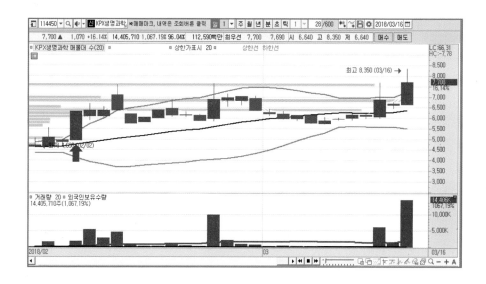

종가 단타 매매를 마친 날이 파란 화살표에서 3거래일 후인 파란 음봉이 나온 날입니다. 종가 단타 매매를 마치고 2월 12일 종가에 여러분의 스윙 자금이 3,000만 원이라면, 그중 20%인 600만 원을 종가금액인 6,400원에 매수합니다. 이 방법도 종가 매매처럼 시간이 없는 분들이 하기에 좋은 매매 기법입니다.

일단 매수를 하고 다음 날 장이 시작되면 8%에 매도를 미리 걸어놓습니다. 그날 장중에 8%에 매도되면 약 48만 원의 수익을 내고 매매를 마칩니다.

그러나 그날 장중에 계속 하락해 종가가 -10%인 5,760원이 되었습니다. 그러면 그날 종가인 5,760원에 자금의 20%인 600만 원만큼 추가 매수합니다.

6,400원＋5,760원＝12,160원을 2로 나누면 평균단가가 나옵니다. 평단은 6,080원입니다. 지금까지 총 1,200만 원어치 매수를 한 것입니다.

다음 날 장이 시작되면 바로 6,080원의 8% 상단에 매도를 걸어놓습니다. 6,570원이 8% 매도가입니다. '6,080원×1.08'을 하면 6,570원이 나옵니다. 그다음 날 고가 6,050원입니다. 우리의 평단은 6,080원으로, 그다음 날 종가와 별 차이가 없어 그날은 매수하지 않습니다.

그다음 날에도 장이 시작되면 동일하게 6,080원의 8% 상단에 매도를 걸어놓습니다. 그런데 그날의 종가가 6,390원으로 5% 정도 상승했습니다. 그날도 우리가 매수한 평단인 6,080원보다 높기 때문에 추가 종가 매수는 하지 않습니다.

그다음 날 고가가 6,900원입니다. 그날 아침에 장 시작을 하고, 바로 6,080원의 8% 상단에 매도를 걸어놓습니다.

6,570원이 8% 매도가입니다. 이날 장중 6,570원에 매도가 되어 매수 후 3일 만에 8% 수익을 내고 매매를 마쳤습니다. 총 1,200만 원을 투자해서 8% 수익이므로, 96만 원의 수익을 3일 만에 달성했습니다.

우리는 이 매매법을 활용할 때 상단 시초가 단타 매매법 및 상단 종가 단타 매매를 마친 종목들을 관심 종목에 스윙이라고 분류해 모아서 매매하는데, 하루도 빠짐없이 매일 좋은 종목이 나옵니다. 신뢰성이 높은 투자법이니, 적극적으로 활용하시기 바랍니다.

이때 주의할 점은 매일 뉴스, 테마 및 호재가 살아 있는지 검색을 하고 체크해서 종목을 선택하는 것입니다. 이것이 스윙 매매 기법의 핵심입니다.

---

1. 상단 시초가 및 종가 단타 종목을 관심 종목에 등록(뉴스가 살아 있는 종목)
2. 종가에 투여 자금의 20% 매수
3. 매수 후 다음 날 8% 매도 주문
4. 주가가 매수가보다 하락하면 종가에 20% 추가 매수
5. 매수 후 다음 날 8% 매도 주문
6. 투여 자금의 5회까지 분할 매수 가능

| 실전 매매 | 코데즈컴바인 1월 13일

코데즈컴바인의 1월 31일 파란색 화살표가 있는 상한가가 나온 날부터 설명해드리겠습니다.

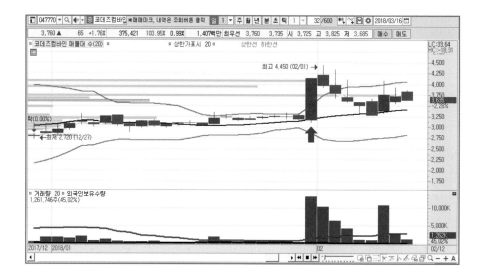

종가 단타 매매를 마친 날은 파란 화살표가 있는 상한가 다음 날 음봉이 나온 날입니다. 종가 단타 매매를 마치고 2월 2일 종가에 여러분의 스윙 자금이 3,000만 원이라면, 그중 20%인 600만 원을 종가금액인 3,790원에 매수합니다.

일단 매수하고 다음 날 장이 시작되면 8%에 매도를 미리 걸어놓습니다. 4,100원이 8% 매도가인데, 그다음 날 고가가 4,110원이므로 스윙을 하려고 했는데, 바로 다음 날 매도가 되어 48만 원의 수익을 보고 매도했습니다. 그날 장중에 8%에 매도가 된 것입니다.

그날 매도하고 종가에 다시 600만 원어치 매수를 3,615원에 합니다. 다음 날에도 동일하게 장이 시작되면 8%에 매도를 걸어놓습니다. 3,900원입니다. 그런데 장중에 매도되지 않고 종가가 오히려 하락한 3,515원이 됩니다. 600만 원어치를 3,515원에 추가로 매수합니다.

내가 매입한 가격보다 하락하면 추가 매수하고, 상승하면 매수하지 않는 것입니다. 우리는 추가 매수했기 때문에 '3,615원+3,515원 =7,130÷2' 하면, 평단은 3,565원이 되었습니다.

다음 날 8%인 3,850원에 매도를 걸어놓습니다.
그런데 장중 매도가 되지 않고 오히려 종가가 3,290원으로 더 하락해서 3,290원에 600만 원어치 더 매입합니다. 평단은 '3,565원 +3,290원=6,855원÷2=3,430원'이 됩니다. 총 1,800만 원어치 매수했고 평단은 3,430원입니다.

다음 날 3,430원의 8% 위에 매도를 걸어놓습니다. 3,705원입니다. 그다음 날 장중에 8%에 매도되어 1,800만 원의 8%인 144만 원의 수익이 매입 4일 만에 창출되었습니다. 그날 장중에 계속 하락해 종가가 -10%인 5,760원이 되었습니다.

| 실전 매매 | 신라섬유 1월 29일

신라섬유의 1월 29일 불끈봉이 나온 날부터 설명해드리겠습니다.

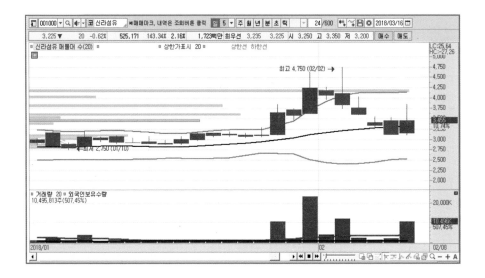

그날 불끈봉이 나온 것을 보고 다음 날 상단 종가 단타 매매로 종가에 매수해서 그다음 날 3% 수익을 내고 장을 마쳤습니다.

상단 종가 단타 매매를 마친 날이 거래량이 많이 터진 1월 31일 양봉이 나온 날입니다. 종가 단타 매매를 마치고 1월 31일 종가에 여러분의 스윙 자금이 3,000만 원이라면, 그중 20%인 600만 원을 종가 금액인 4,235원에 매수합니다.

일단 매수하고 다음 날 장이 시작되면 8%에 매도를 미리 걸어놓습니다. 4,575원이 8% 매도가인데, 그다음 날 오히려 종가가 4,070원으로 -3.9%로 내려갔습니다.

다시 그날 종가에 600만 원 자금으로 4,070원에 매수했습니다. '4,235원+4,070원=8,305÷2=4,155원'이 평단입니다. 총 2회 매입해, 1,200만 원이 매입 총계입니다.

다음 날에도 동일하게 장이 시작되면 8%에 매도를 걸어놓습니다. 4,490원입니다. 4,155원 평단의 8%=4,155×1.08=4,490원입니다.

그런데 장중에 고가 4,750원을 찍었으므로 우리의 매도가는 4,490원이므로 매도가 되었습니다. 1,200만 원의 8%인 96만 원의 수익을 창출했습니다.

96만 원의 수익을 내고, 종가인 3,840원에 600만 원어치를 매입했습니다. 다음 날 8%인 4,150원에 매도를 걸어놓습니다.

그런데 장중에 매도가 되지 않고 종가가 오히려 하락한 3,600원이 됩니다. 600만 원어치를 3,600원에 추가 매수합니다.

내가 매입한 가격보다 하락하면 매수하고, 상승하면 매수하지 않는 것입니다. 그럼 '3,840원+3,600원=7,440원÷2' 하면 평단가는 3,720원이 됩니다.

다음 날 8%인 4,020원에 매도를 걸어놓습니다. 그런데 장중 매도가 되지 않고 오히려 종가가 3,415원으로 더 하락해서 3,415원에 600만 원어치를 추가로 매입합니다. 평단은 '3,720원+3,415원=7,135원÷2=3,570원'이 됩니다. 총 1,800만 원어치 매수했고 평단은 3,570원입니다.

다음 날 3,570원의 8% 위에 매도를 걸어놓습니다. 3,855원입니다. 다음 날 8%인 4,165원에 매도를 걸어놓습니다.

그런데 장중 매도가 되지 않고 오히려 종가가 3,120원으로 하락해서 3,120원에 600만 원어치를 추가 매입합니다.

평단은 '3,570원+3,120원=6,690원÷2=3,345'원이 됩니다. 총 2,400만 원어치를 매수해 평균 매수 단가가 3,345원이 되었습니다.

그다음 날(2월 8일) 장중에 3,345원의 8%인 3,615원에 매도를 걸어놓았는데, 8%에 매도(고가 3,845원)가 되어 2,400만 원의 8%인 192만 원의 수익이 매입 5일 만에 창출되었습니다.

대봉엘에스의 2월 7일 상한가 불끈봉(파란 화살표 표시)이 나온 날부터 설명해드리겠습니다.

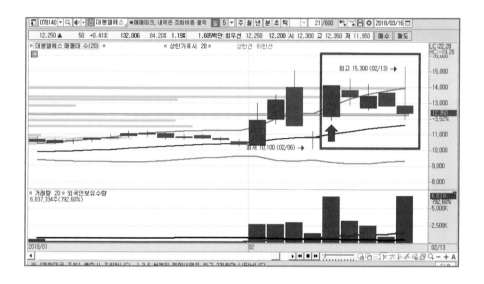

그날 불끈봉이 나온 것을 보고 다음 날 중단 종가 단타 매매로 종가에 매수해서 다음 날 3% 수익을 내고 장을 마쳤습니다. 중단 종가 단타 매매를 마친 날이 파란 화살표가 표시된 상한가가 나온 2월 9일입니다.

종가 단타 매매를 마치고 2월 9일 종가에 여러분의 스윙 자금이 3,000만 원이라면, 그중 20%인 600만 원을 종가금액인 13,450원에 매수합니다.

일단 매수하고, 다음 날 장이 시작되면 8%에 매도를 미리 걸어
놓습니다. 14,550원이 8% 매도가인데, 그다음 날 오히려 종가가
12,800원으로 -5%로 내려갔습니다. 다시 그날 종가에 600만 원 자
금으로 12,800원에 매수했습니다.

'13,450원+12,800원=26,250÷2=13,125원'이 평단입니다. 총
2회 1,200만 원이 매입가 총계입니다.

다음 날이 되어 9시 개장을 하고 8%에 매도를 걸어놓습니다.
14,200원입니다. 13,125원 평단의 8%=13,125×1.08=14,175원입
니다. 그런데 장중에 고가 15,300원(2월 8일)을 찍었으므로 우리의
매도가는 14,000원이므로 매도되었습니다. 1,200만 원의 8%인 96만
원의 수익이 매입 3일 만에 창출되었습니다.

| 실전 매매 | 고려산업 3월 9일

고려산업의 3월 9일 불끈봉이 나온 날부터 설명해드리겠습니다. 3월 10일 상단 시초가 단타 매매를 성공적으로 마친 날입니다.

고려산업은 남북경협주로 분류된 회사입니다. 사료 종목으로, 그 당시 남북정상회담 뉴스, 테마 및 호재로 시장의 관심을 받았던 종목입니다. 일주일 스윙 종목으로 선정해 3월 13일 종가부터 매수를 시작합니다.

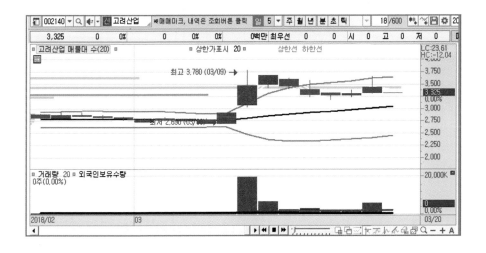

3월 13일 처음 음봉이 나온 날입니다. 3월 13일 종가에 여러분의 스윙 자금이 3,000만 원이라면, 그중 20%인 600만 원을 종가금액인 3,455원에 매수합니다.

일단 매수하고 다음 날 장이 시작되면 8%에 매도를 미리 걸어놓습니다. 3,735원이 8% 매도가인데, 그다음 날 오히려 종가가 3,290원으로 -4.8%로 내려갔습니다.

다시 그날 종가에 600만 원 자금으로 3,290원에 매수했습니다. ‘3,455원+3,290원=6,745÷2=3,375원이 평단입니다. 총 2회 1,200만 원이 매입가 총계입니다.

다음 날이 되어 9시 개장을 하고 8%에 매도를 걸어놓습니다. 3,645원입니다. 3,375원 평단의 8%=3,375×1.08=3,645원입니다. 그다음 날 오히려 종가가 3,280원으로 -0.3%로 내려갔습니다.

다시 그날 종가에 600만 원 자금으로 3,280원에 매수했습니다. 3,375원+3,280원=6,655÷2=3,330원이 평단입니다. 총 3회 1,800만 원이 매입가 총계입니다.

다음 날 또 장 시작하고 8%에 매도를 걸어놓습니다. 3,600원입니다. 3,330원 평단의 8%=3,330×1.08=3,600원입니다. 그런데 3월 16일 장중에 고가 3,380원을 찍었고 매도되지 못했습니다.

3월 16일 종가가 3,305원입니다. 다시 그날 종가에 600만 원 자금으로 매수했습니다. 총 2,400만 원 매수했습니다. ‘3,330원+3,305

원=6.635÷2=3,320원'이 평단입니다. 총 4회 2,400만 원이 매입가 총계입니다.

다음 날 또 장 시작하고 8%에 매도를 걸어놓습니다. 3,590원입니다. 3,320원 평단의 8%=3,320×1.08=3,590원입니다. 우리의 매도가는 3,590원이므로 매도되었습니다. 3월 19일 장중에 고가 3,660원을 찍었습니다.

2,400만 원의 8%인 192만 원의 수익을 매입 5일 만에 창출했습니다.

02

조건검색식
만드는 법

거래소에 2,000개가 넘는 종목의 차트를 모두 돌려보면서 내가 원하는 매매 기법의 종목을 찾으려면, 시간과 노력이 너무 많이 들어갑니다. 이때 조건검색식을 만드는 방법을 배우면, 손쉽게 매매 종목을 찾을 수가 있습니다.

0150 화면 번호가 조건검색기입니다. 다음 자료의 화면이 상단 및 중단 시초가, 종가 단타 매매 종목을 찾아내는 2가지 검색식입니다.

√	지표	내용	값	삭제	▲	▼	↑	↓
✔	A	[일]거래량:10000000이상 999999999이하	☐	X	▲	▼	↑	↓
✔	J	주가범위:0일전 종가가 1000 이상 100000 이하	☐	X	▲	▼	↑	↓
✔	W	주가등락률:[일]1봉전(중) 종가대비 0봉전 종가등락률 5%이상	☐	X	▲	▼	↑	↓

조건식	A and J and W		▼	!	( )	(⊗)	X	?	🖼

거래량과 주가등락률이 가장 중요한 요소입니다.

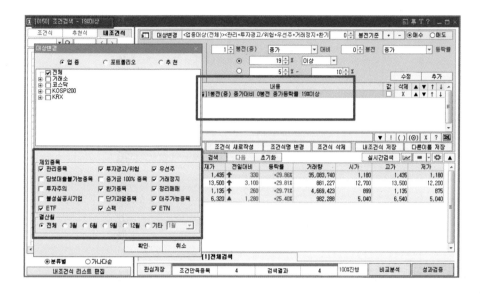

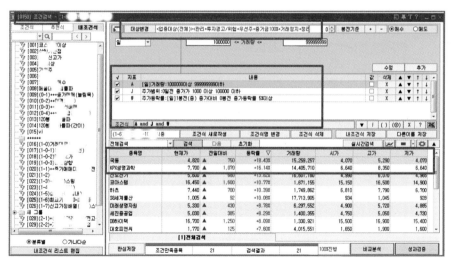

불끈봉 조건검색식 예시

① 불끈봉(상단, 중단) 검색식

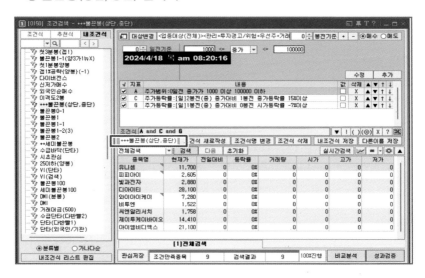

② 불끈봉2 검색식

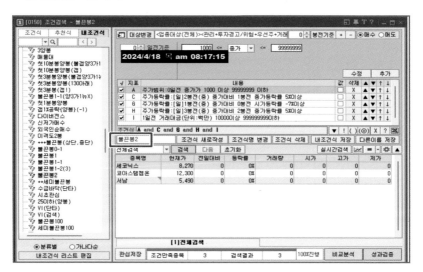

③ 세미불끈봉 검색식

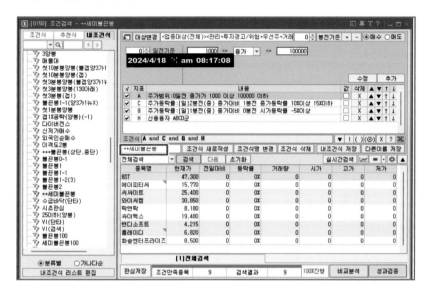

④ 불끈봉0-1 검색식

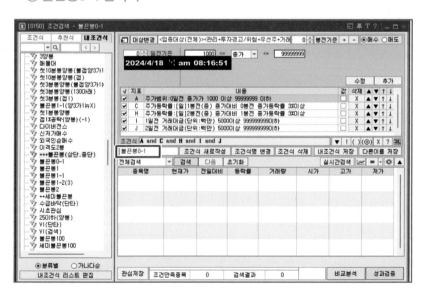

불끈봉 동영상 온라인 강의

1강 분봉 매수라인 만드는 법 및 불끈봉 조건검색식

이 장에서는 불끈봉 유료 동영상 온라인 강의(32강 전 과정) 중 1강 '분봉 매수라인을 차트에 설정하는 방법'을 담았습니다. 동영상에서 나온 순서대로 설명하겠습니다.

우선 분봉 매수 라인을 만드는 방법에 대해 설명해드리겠습니다.

불끈봉의 전일종가-2%, 그리고 오전 9시에 단타를 칠 때 시초가가 있는데, 당일 시가-2%, 전일 종가-2%, 그리고 전일 불끈봉의 센터(C), 센터+2%, 센터-2%에 대한 분봉에서의 매수식 만드는 방법 3가지를 먼저 설명하겠습니다.

제일 먼저 기본으로, 일봉을 설명해드리겠습니다. 일봉 차트에서 앞에서 설명해드린 불끈봉을 찾는 것이 우선입니다.

일봉상 차트에 빨간 라인으로 1층, 2층, 3층, 4층, 5층이 있습니다. 이 부분은 2강에서 설명해드리겠습니다.

차트를 보면 시가라고 나오는데, 9시 장 시작을 하면 바로 차트에 시초가의 값이 찍혀 나옵니다. 그 이후에 이 시가를 기준으로 단타 매매를 해나가는 것입니다. 이 불끈봉의 전일 종가 위에서 움직이는 종목은 상단이고, 전일 종가 아래에서 움직이는 종목을 중단이라고 합니다.

아침에 시작하니 상단 시초가 단타 매매고, 중단 단타 매매의 아침 시초가는 보통 9시부터 9시 30분을 이야기하는 것입니다. 9시 30분이 지난 다음부터는 중단 단타 매매라고 해서 장중 단타 매매입니다. 마지막으로 상단 종가 매매가 있습니다.

지금 공부할 포인트는 일봉상에서가 아니라, 분봉에서 어느 라인에서 매수 타점을 잡는지에 대해 설명하는 것입니다. 즉, 매수 타점을 잡는 방법입니다.

다음 차트에서 보이는 파란 라인은 나중에 30분봉 매매법에서 배울 것입니다. 아직은 사용하지 않습니다.

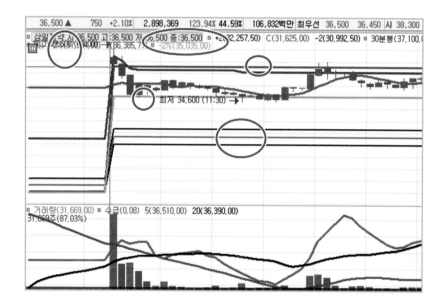

여기에서는 이 초록선(시가-2%)과 노란선(종가-2%), 검정선(센터+2%), 빨간선(센터), 검정선(센터-2%), 총 3가지 라인이 어떤 것인지 가르쳐드리겠습니다.

앞의 차트는 분봉 차트입니다. 분봉에서도 10분봉입니다. 하나가 10분이라는 말입니다. 일봉 차트가 아니고 분봉 차트에 설정하는 것입니다. 잊지 마세요!

1분봉, 3분봉으로 설정하지 않고 천천히 전체를 보며 매수 타점에 오기를 기다리기 위해서 10분봉으로 설정하는 것입니다. 그래서 10분봉으로 놓고 단타를 하는 것입니다. 초록선, 노란선, 검정선, 빨간선, 검정선의 총 3가지 선을 앞으로 설명할 것입니다. 분봉 차트의 아래 거래량을 보면, 초록색의 수급 라인이 바닥에 왔을 때 매수하니까 어떻게 되었는지 보세요. 차트 위의 시가-2%인 노란선과 일치했을 때(초록 수급 라인이 아래 올 때와 일치) 매수하면 바로 수익 실현이 됩니다. 이런 매수 타점을 잡아내기 위해서 우리가 지금 공부하는 것입니다.

단타 매매할 때 그래서 초록선, 노란선, 검정선, 빨간선, 검정선의 총 3가지 선을 분봉에서 보고 매수 타점을 잡는 것입니다.
거래량 차트에 있는 수급선, 즉 초록선이 지금 세력의 매집 형태를 보여드리는 것인데, 이 수급 라인에 대해서는 불끈봉 동영상 온라인 과정 4강, 5강에서 설명되어 있습니다.

불끈봉 매매 8가지 패턴 중 상단 시초가와 세미 시초가, 중단 시초가, 또 고시종저(고가,시가,종가,저가) 30분봉 매매, 종가 매매가

6개의 단타 매매입니다. 그리고 2가지 스윙 매매는 수급 스윙과 상하 갭 스윙입니다.

블랙 차트와 그린 차트는 수급이 들어오는 매집과 수급이 나가는 분산을 나타내는 것입니다. 바로 세력들의 움직임입니다.

분봉 차트에서 배울 것은 초록선과 노란선입니다. 초록선을 바로 설명하겠습니다.

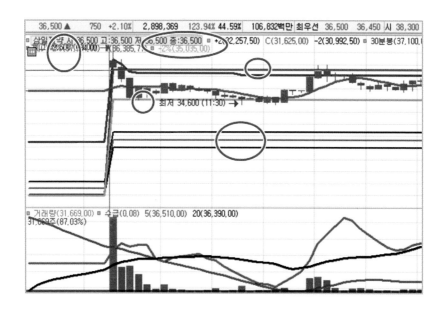

라인들을 잘 못 찾는 분들은 앞의 10분봉 차트를 자세히 보시면 제일 위에 초록선, 그 아래에 노란선이 보일 것입니다.

시가-2%가 초록선입니다. 그리고 노란선이 종가-2%이니, 이 2 라인이 단타 매매를 하기 위한 가장 중요한 라인입니다.

30분봉에서 사용하는 것은 바로 파란선인데, 이 선은 나중에 배울 부분입니다. 앞의 분봉 매수 라인에 센터+2%라고 되어 있는데, +2% 가 검정선입니다. 검정선 밑에 있는 빨간선이 센터(C)입니다. 아래 에 있는 검정선이 C-2%입니다.

다시 한번 말씀드립니다. 초록선이 시가-2%입니다.

종가-2%는 전일종가에서 -2%가 내려간 선입니다. 바로 노란선입 니다. 이것을 우리가 직관적으로 라인으로 표시해서 바로 어느 라인 에 왔을 때 매수해야 하는지 배우는 것이 분봉 매수라인 전략입니다. 검정선이 C+2%, 빨간선이 C, 이것의 아래가 C-2%입니다,

시가-2%라는 부분이 어디인지 예를 들어보면, 오늘 시가가 3만 8,300원에 시작했을 때, 3만 8,300원에 시작한 아래에 -2% 지점을 초록색으로 표시한 것입니다.

38,300원×0.98=약 37,600원

그래서 시가-2%가 약 3만 7,600원 정도 됩니다. 일봉상에서 3만 7,600원이 어디인지 표시해놓고, 온종일 이 부분을 터치하기를 기다 리는 것입니다. 시가-2% 지점에 표시해놨을 때 매수해주는 이 방법

이 세미 시초가, 즉 시가-2%에서 매수하는 법입니다.

상단 시초가는 앞에서 공부하셔서 잘 아실 것입니다. 그러나 세미 시초가는 처음 이야기하니 뭔지 잘 모르는 분들이 있을 것 같습니다. 세미 시초가 매매 방법은 바로 시가-2%에서 매수하는 방법으로, 실제 수익을 낼 수 있는 좋은 매매 방법입니다.

일봉상에서 불끈봉이 나온 날에, 다시 말해 불끈봉이 나오는 것을 포착하고 바로 그날 거래하는 게 아닙니다. 그다음 날 거래하는 방법입니다.

시가부터 9시부터 9시 30분 사이에 하는 게 시초가 단타 매매 방법인데, 시가가 찍히면 바로 시가-2%까지 내려오기를 기다리는 매매법이 바로 세미 시초가 단타 매매입니다. 9시 30분부터 10시까지는 잠시 쉬었다가 10시부터 11시까지 대응하고, 또 1시부터 2시까지 대응하는 것이 중단 단타 매매입니다. 그 이후에 매수하는 것이 종가 단타 매매입니다. 종일 이 매매법으로 대응합니다.

그런데 이제 라인 긋는 것은 어떻게 해야 하는지가 궁금하신 분들이 계실 것입니다. 분봉의 차트 거래량은 나중에 만드는 거고요. 거래량 위쪽에 있는 차트에 커서를 대고, 마우스의 우측을 한 번 누르시면, 팝업창이 하나 뜰 것입니다.

수식 관리자를 잘 모르는 분은 천천히 따라오기 위해서 화면을 정지하고 보는 것을 권장합니다. 수식 관리자에 들어가면 다음 팝업 창 하나가 뜹니다. 이것을 아시게 되면 여러분들은 불끈봉의 전체적인 흐름을 파악할 수 있습니다. 이제 수식 관리자에서 종가-2%, 시가-2%, 분봉 매수 라인을 어떻게 만드는지 알려드리겠습니다.

제일 먼저 시가-2% 만드는 방법을 알려드리겠습니다. 다음 자료에는 이미 만들어져 있지만, 처음 만드시는 분은 '새로 만들기'라고 보이는 것을 눌러 주세요.

이 새로 만들기를 누른 후, 지표명에 1-시가-2% 수식을 입력하고, 수식 이름의 수식1에는 시가-2%를 직접 써서 넣어야 합니다.

'Dayopen' 시가인데, 수식 이름 아래에 영어로 Dayopen을 씁니다. 그리고 괄호( )를 꼭 만들고 ×(*) 0.98 표시를 합니다.

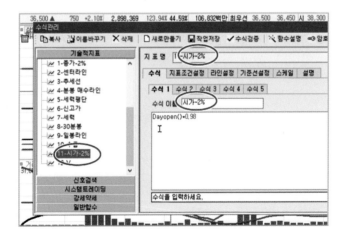

Dayopen이라는 말은 그날 open 시가 ×(*) 0.98 시가의 0.98을 치면, 시가의 -2%가 함수 수식 관련 글자에서 자동으로 계산되어서 나옵니다.

다시 한번 말씀드리는데 새로 만들기를 한번 해놓고, 여기다가 글씨를 하나하나 넣는 것입니다. 시가-2% 앞에다가 숫자를 넣는 이유는 숫자를 넣지 않으면 기술적 지표 안에서 아래로 숨겨져서 나중에 찾을 수가 없기 때문입니다. 꼭 숫자를 한 번 넣어주셔야 합니다.

시가-2%라고 적어주시고, Dayopen 괄호( ) ×(*) 0.98을 적어주시면 됩니다. 지표 조건은 없습니다. 라인 설정을 하는데, 그러면 시가-2%가 여기에 따라 들어오는 것입니다. 색깔에는 초록선을 찾아놓으세요.

가운데 위에서 두 번째 색상에서 초록색을 눌러주고, 너비를 포인트 1로 하면, 차트에서 라인이 너무 흐리니 3포인트로 눌러줍니다. 3포인트를 누르면 아래 자료와 같이 진한 초록색 라인으로 변경됩니다.

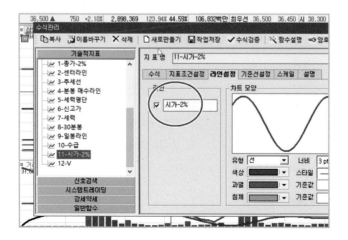

그런 후, 다음은 스케일로 넘어갑니다. 화면 제일 아래의 가격으로
설정해주면 됩니다.

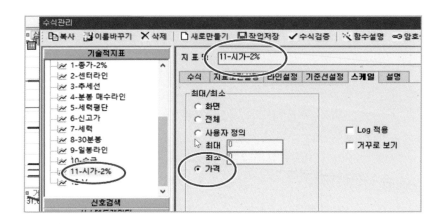

그다음에 수식 검증을 한 번 누르세요. '수식에 이상이 없습니다'
라고 나와야 진행이 정확히 되고 있는 것입니다. 이 부분이 확인과
함께 팝업창으로 나와야 진행이 정상적으로 된 것입니다.

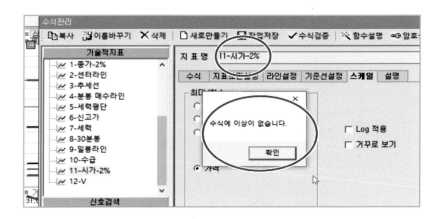

그다음에 작업 저장을 한 번 눌러주면 됩니다.

이것을 누르는 순간 11-시가-2%라는 글씨가 기술적 지표에 새롭게 만들어져 생성됩니다.

다시 한번 말씀드리면, 제일 처음 들어가실 때 여기서 10분봉 차트에 놓고 수식 관리자를 찾아야 합니다. 일봉에 놓고 하면 안 됩니다. 모두 다 따라 했으면 이제 분봉 차트의 빈칸에 오른쪽 마우스를 클릭해서 수식 관리자(M)에 들어가면 뜹니다. 팝업창이 크게 뜨면 새로 만들기를 한 번 눌러주세요.

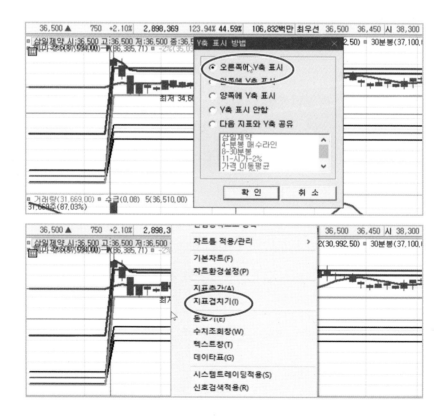

11과 -2%라고 쓰고 Dayopen 괄호( ) ×(*) 0.98, 그다음에 라인 설정 초록색과 3포인트 스케일은 가격에 넣습니다. 수식 검증을 눌러주어도 되고, 작업 저장까지 끝내면 닫기를 하시면 됩니다. 다시 반복해서 설명하는 것입니다.

마우스 오른쪽을 클릭합니다. 그다음에 지표 겹치기에 들어가세요. 똑같이 지금 여기에 분봉상의 빈칸에 우클릭을 한 번 하고 지표 겹치기를 하는 것입니다. 그러면 앞의 자료와 같이 오른쪽에 Y축 표시, 다음 지표와 Y축 공유, 이 둘 중의 하나가 맞을 거예요.

오른쪽에 Y축 표시, 다음 지표와 Y축 공유, 2가지 중에 컴퓨터에 따라 다르니 맞는 것으로 선택해서 눌러야 합니다. 오른쪽에 Y축 표시할 때는 그냥 확인만 누르면 됩니다. 그러나 다음 지표와 Y축 공유로 할 때는 아래 삼일제약이라는 이 부분을 한 번 더 눌러주시고 확인을 눌러주어야 합니다. 중요한 부분이니 잘 숙지하세요.

확인만 누르면 11과 -2니까, 초록선이 차트에 만들어집니다. 10분봉 차트에 초록선이 만들어지게 하려고 지금까지 이 초록색 라인을 만든 것입니다. 이 라인이 바로 매수 타점인 것입니다.

그럼 이번에는 종가-2%인 노란선을 만드는 방법을 알려드리겠습니다. 일단 10분봉 차트에 우클릭해서 수식 관리자를 클릭해야 합니다.

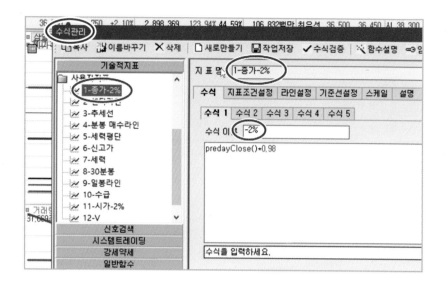

그리고 위의 자료와 같은 창이 나오면 '새로 만들기'를 눌러야 합니다. 이제는 시가-2% 말고 1-종가-2%라고 지표명에 적어야 합니다. 그리고 수식 이름에는 1번이라고 쓰고, 종가-2% predayclose, 전날 종가 ×(*) 0.98이라고 쓰는 것입니다.

여기다 종가 -2%라고 한 후, 그다음에 라인 설정합니다. 종가 -2%, 여기 라인은 노란선으로 하는 것입니다.

색상에서 노란선을 체크합니다. 이 '색상'을 눌러주시고요. 그 옆 너비에서 3포인트 눌러주시면 됩니다.

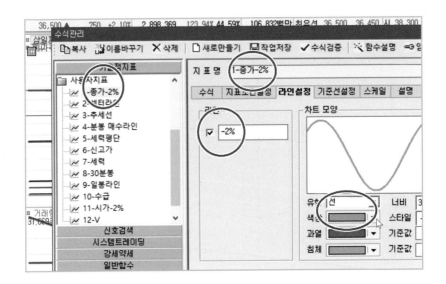

그다음에 수식 검증에서 이상이 없다고 나오면 작업 저장을 하시면 됩니다. 그럼 기술적 지표에 1번 '1-종가-2%'가 생성되어 만들어집니다.

시가-2%에 이어 종가-2% 만드는 법까지 설명해드렸습니다.

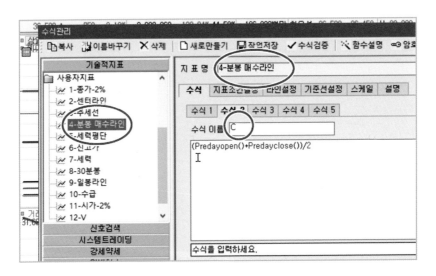

그다음에 3번째 라인을 만들기 위해 다시 10분봉 차트에 우클릭합니다. 검정, 빨강, 검정의 3라인을 만들려고 설명해드릴 차례입니다. 수식 관리자를 찾아서 다시 들어갑니다. 3번째 라인을 만들 준비를 하는 것입니다. 팝업창이 나온 게 보일 것입니다.

새로 만들기를 눌러야 합니다. 앞의 자료를 보면 분봉 매수 라인 앞 번호가 4번으로 있습니다. 여기에 수식1에다가 +2, 수식2에 C, 수식3에 +2를 직접 써넣습니다.

수식1에 predayopen 괄호 플러스(+) predayclose 괄호, 그리고 여기에 괄호가 한 번 더 있습니다. ÷2 또 () 곱하기(*) 1.02를 하면 바로 센터 위의 +2% 지점의 검정라인을 만드는 수식입니다. 한 자만 틀려도 라인이 만들어지지 않습니다.

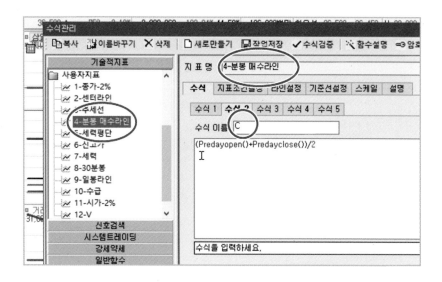

수식2는 센터 C가 센터, 즉 불끈봉의 중앙을 이야기하는 것입니다.

predayopen 하고 predayclose 전날 시가 전날 종가와 더해서 ÷2 이것이 C입니다. 불끈봉에 C를 표시한 것입니다.

수식 3은 C-2%, 즉 센터-2% 지점입니다. preday open, predayclose, 이것을 직접 쓰기 싫은 분들은 컨트롤 C로 복사한 다음에 컨트롤 V로 갖다 붙여주시면 됩니다. 틀린 부분이 어느 부분인가 보고 바꾸면 됩니다.

그러면 지금 라인 설정에 +2, C, -2라고 표시될 것입니다.

이렇게 체크가 안 된 것은 체크해야 합니다. +2는 검정색, C는 빨간색, -C는 검정색, 그다음에 이게 3포인트에 체크하면 됩니다. 수식 검증을 누르고 이상 없으면 작업 저장을 꼭 한 번 하고 마칩니다.

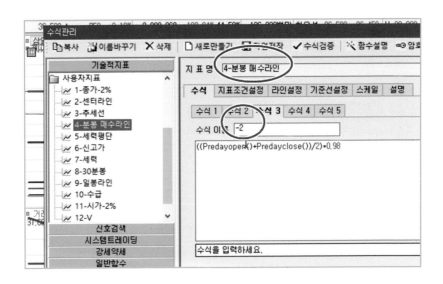

주식 불끈봉 비법서

다시 오른쪽 마우스를 클릭한 다음에 지표 겹치기 한 후에 4번 분봉 매수라인을 보고 그다음에 적용을 누릅니다.

컴퓨터마다 다른 부분이 바로 다음 지표와 Y축 공유할 때이니, 이 부분을 체크할 때는 꼭 아래 글자를 한 번 눌러주고, 확인을 눌러주기를 바랍니다. 그러면 검정, 빨강, 검정의 세 라인이 나타납니다.

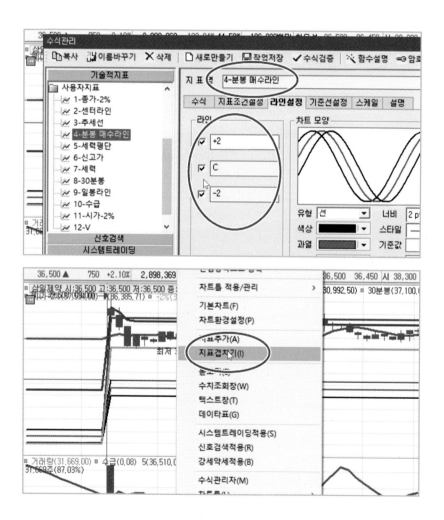

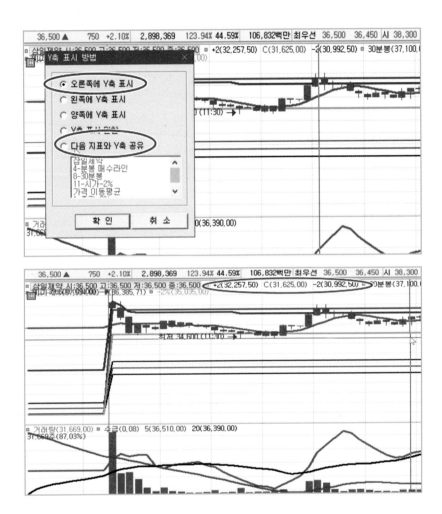

지금 보면 시가-2%가 초록선, 노란선 종가-2%입니다. 그러면 이
제 종목들을 조건검색식을 통해서 찾아보고, 매수 타점을 직접 공
부해보세요.

불끈봉 조건검색식은 다음 조건검색식이 있습니다. 처음 보는 분

들을 위해서 키움증권의 HTS 검색란에서 0150 조건검색식을 찾아
보세요. 다음 조건검색식은 0150 조건식에서 불끈봉 상단, 중단 검
색식을 만들어놓은 것입니다.

주가는 1,000원에서 10만 원까지, 주가 등락률은 2봉 전 종가, 1봉
전 종가 등을 찾아서 내용에 넣으면 종목이 나옵니다. 실시간 검색
을 누르면 종목이 나옵니다.

장중에는 실시간 검색을 누르고 검색하는 것입니다. 등락률 한번
찍어주고 거래량이 많은 순, 또 낮은 순으로 변경하면서 종목을 선
정합니다.

대비율도 바꿀 수 있고 현재가도 높은 것, 낮은 것 이렇게 바꿀 수
있습니다. 일목요연하게 쏘팅하는 것입니다. 불끈봉 조건검색식을
만들어 장 시작을 준비하려고 7시에 일어나서 조건검색을 누르면
바로 불끈봉 종목이 뜰 것입니다.

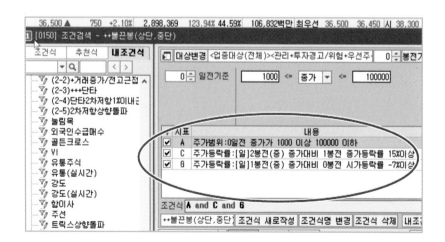

2강 불끈봉 일봉상 20+4 역사적 지지와 저항 라인 만드는 법

앞의 1강에서는 분봉 매수 라인을 만드는 방법에 대해서 이야기했습니다. 2강은 불끈봉 일봉상 20+4 역사적 지지와 저항 라인을 만드는 법에 대해 이야기하려고 합니다.

일봉상 20+역사적 지지와 저항선을 만드는 방법까지 배우면, 이후의 강의에서는 20+4와 분봉 매수 라인을 가지고 어떻게 대응하는지 알아보게 될 것입니다.

역사적 지지와 저항 4개 층을 이야기하는 것인데, 라인은 5개가 있습니다.

검정라인(20일선 가격이동평균선)으로 만드는 것입니다.

이제 본격적으로 차트에 들어가서 설명해보려고 합니다.

다음은 삼일제약 차트입니다. 보이는 검정라인이 20+4라인인데
요. 20+4라는 것의 앞에 20이 검정선입니다.

여러분이 보통 보는 가격이동평균선에서 이것이 20일선 가격이동
평균선입니다. 여러분들이 가지고 계신 차트의 20일선이든, 5일선
이든, 120일선이든, 60일선이든, 거기 라인에 두 번 클릭해주십시오.

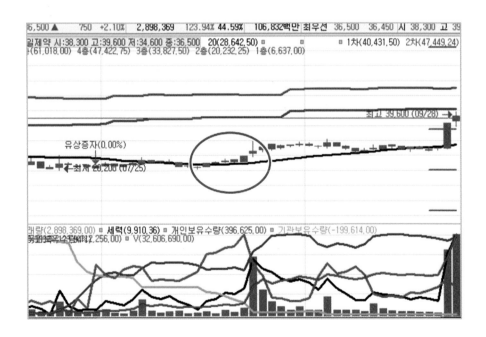

좌측 마우스를 더블클릭해주세요. 그러면 다음과 같이 팝업창이
하나 뜹니다. 지표 조건 설정 중에 혹시 여기에 20이라는 게 없으면,
20을 하나 만들어주세요. 아무 데나 만드셔도 되는데, 저는 일단 가
운데에 만들어놨습니다.

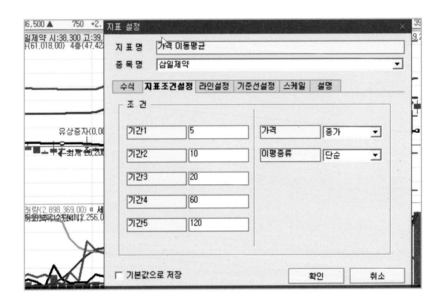

순서대로 20일선을 만들려고 그러는 것입니다. 20을 적어놓고요.
라인 설정에서 다른 것은 다 표시되어 있던 것입니다.

지표 조건 설정에서 20이 없으면 20이라고 직접 쓰면 됩니다. 20
이 있으면 이 20만 놔두고 나머지는 지우면 됩니다. 그다음에 라인
설정을 눌러주세요. 그다음에 20을 뺀 나머지는 다 체크를 지워주
시면 됩니다.

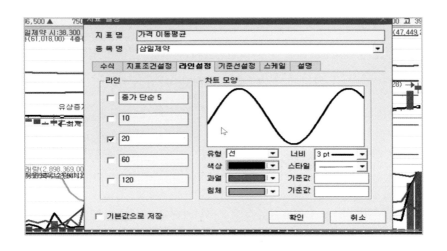

한 번씩 클릭해주시면 표시가 없어집니다. 20일선 하나만 남습니다. 색상에서 제일 위에 좌측에 있는 게 검정색입니다. 이 색상을 검정으로 하세요. 그럼 검정으로 표시가 됩니다. 여기 너비를 1포인트로 하게 되면 너무 얇아서 일봉상에서 보기가 좋지 않습니다. 그래서 너비는 3포인트로 해주는 것입니다.

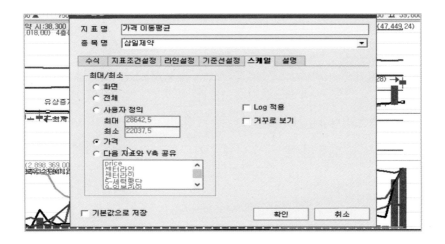

그다음에 5번째에 있는 스케일을 꼭 가격에다가 놓아주어야 합니다. 화면 전체 사용자정의 놓으면 안 되고, 가격에 꼭 놔두세요. 3가지를 지표 조건 설정에서 20 빠져 있으면 이와 같이 숫자를 만들면 됩니다. 안 누르면 변하지 않아요. 꼭 눌러주어야 검정색으로 바뀝니다. 또 3포인트로 만들어서 사용하면 스케일을 가격에다가 표시해놓는 것입니다.

그 후 확인을 누르면 다른 라인은 다 없어지고 검정선만 보입니다. 이 검정선이 어떤 역할을 하는지 잠깐 설명해드릴게요. 여러분들이 이것만 지켜도 주식 투자를 할 때 크게 잃지 않습니다.

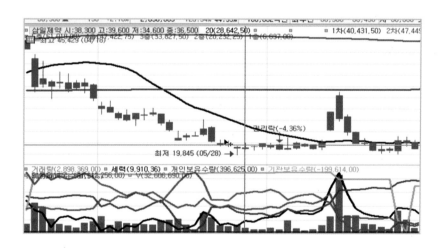

검정색 20일 평균선, 앞에 차트를 보면 검정 진한 라인(3포인트)을 보세요. 일봉 캔들의 제일 첫 번째 긴 음봉 몸통이 검정선에 맞았죠. 검정선에 한 번 맞고 어떤 주가 흐름을 보이나 보세요. 올라오지 못하고 계속 하락 구간이 됩니다.

그러다가 몸통에 빨간 양봉을 한 번 맞았습니다. 상승하죠? 20일선에 또 한 번 음봉을 맞았습니다. 그러면 또 하락합니다.

양봉으로 맞고 거래량이 터졌습니다. 어떻게 되었나 한번 변화를 볼까요? 상승하죠. 이처럼 20일선이 엄청나게 중요합니다. 여러분이 불끈봉 거래를 할 때는 다른 이동평균선은 거의 깔아놓지 않고, 20일 평균선 하나만 기본적으로 깔아놓아도 됩니다.

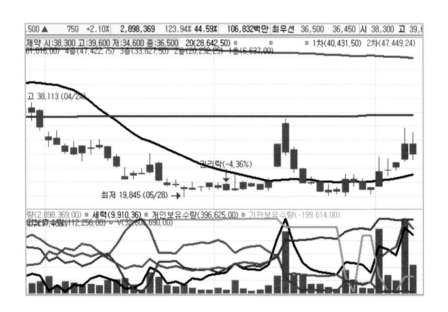

저의 차트를 보면 심플합니다. 여기 1차 세력 평단하고 2차 세력 평단, 그리고 20일선만 있습니다. 그리고 일봉상의 1층, 2층, 3층, 4층에 대한 선이 있습니다.

기본적으로 보세요. 이렇게 몸통에 빨간 캔들이 맞았을 때 올라가죠? 빨간 몸통에 맞았을 때 올라갑니다. 쭉 한번 보세요. 몸통에 20일선이 맞았습니다.

음봉에 어떻게 변화되는 한번 보겠습니다. 하락하죠? 언제 올라갈까요? 이렇게 빨간 양봉이 20일 몸통을 맞았을 때 상승합니다.

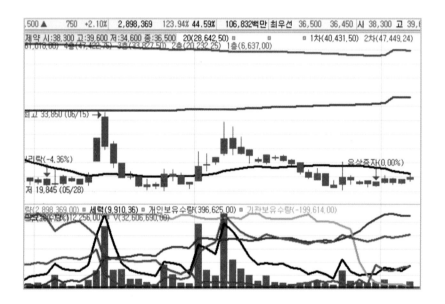

음봉과 양봉이 20일선에서 공방을 하고 있습니다. 20일선에서 음봉으로 내려오다가 몸통에 맞으면 일단은 올라가긴 힘듭니다. 양봉 캔들 몸통의 정중앙을 20일선이 관통할 때 상승하는 흐름을 보이고 있습니다. 이 매매법이 20일선 매매법입니다.

음봉 양봉 음봉을 맞았습니다. 어떻게 될까요? 완전히 양봉을 20일선에 관통했습니다. 캔들이 20일선 위에서 움직이고 있습니다. 우리는 최소한 단타를 하더라도 20일선 위에서 움직이고 있는 좋은 종목들을 선정해야 한다는 의미에서 20+4를 알려드리는 것입니다.

그럼 이제 4번째 라인인 1층부터 4층의 5선을 어떻게 그었는지 설명하겠습니다. 마우스 오른쪽을 클릭합니다. 수식 관리자에 들어갑니다. 그러면 팝업창이 하나 뜹니다. 분봉 매수 라인을 만드는 방법과 거의 비슷합니다. 일봉 라인 앞에 9라는 숫자를 꼭 적어놓습니다. 그렇지 않으면 기술적 지표 안에 숨어 나중에 찾기가 힘들어집니다.

순서대로 분봉 매수 라인, 시가 라인, 종가 라인, 이렇게 앞에서 설명했으니 9-일봉 라인이라고 쓰면 됩니다.

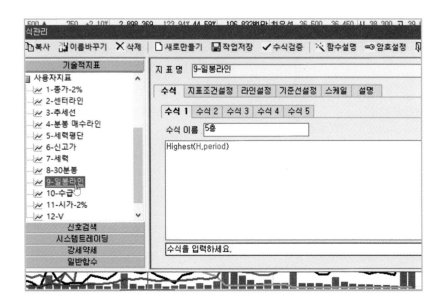

일봉상 5개 라인 1층, 2층, 3층, 4층을 만드는 방법에 대해서 자세히 설명해드리겠습니다.

'새로 만들기'를 누른 후 수식1에 다음을 입력합니다. Highest(H, Period)라고 수식 이름에는 5층이라고 쓰는 것입니다. 수식 이름에 쓴 5층이 일봉상의 화면 위쪽에 나오는 것입니다.

새로 만들기 위해서 수식1에는 Highest하고 H Period 적고 5층이라고 쓰는 것입니다. 4층은 4줄의 수식을 다음 자료와 같이 적는 것입니다. 이 4줄 수식을 다음에 사용하려면 복사하셔서 수식을 수정하면 됩니다.

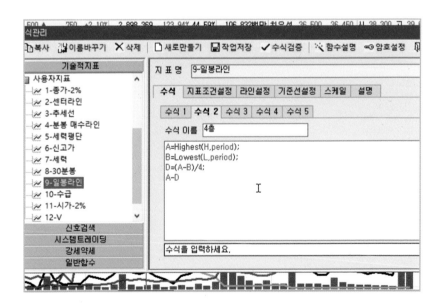

다음 수식3의 3층을 만들 때 4층의 수식을 하나하나 쓰는 것이 아니고, 필요한 부분만 고쳐서 사용해도 좋습니다.

한 자리도 틀리면 안 됩니다. 세미콜론(;)도 꼭 적어주셔야 합니다. A-D로 되어 있고, B는 괄호 열고 A- B 괄호 닫고, 슬래시(/)가 ÷입니다. ÷4세미콜론(;) 이 부분들을 하나도 틀리면 안 됩니다. 3층을 복사해서 수식4 2층에 붙여놓고 자료를 잘 보고 수정해서 사용해도 됩니다. 복사 후 붙여넣기 방법인 마우스로 우클릭해서 복사, 붙이기를 해도 좋습니다.

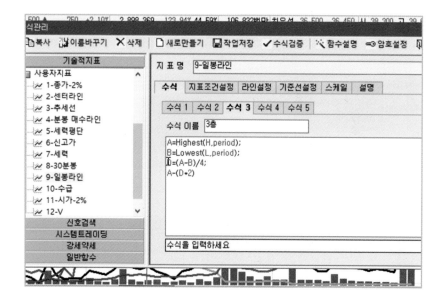

2가지 방법이 더 있습니다. 글자를 똑같이 키보드로 쳐서 넣는 방법이 한 가지고요. 또 한 가지 방법은 컨트롤 C, 컨트롤 V, 즉 복사해서 붙여넣기 하는 방법도 있습니다.

마우스를 우클릭해서 복사해도 됩니다.

여기가 D×(*) 3이 있는데 이 *가 곱하기 표시입니다. 아까 3층은 D*2이고, 여기 2층은 D*3입니다. 다시 컨트롤 C, 컨트롤 V 해서 복사한 후 변경하면 됩니다.

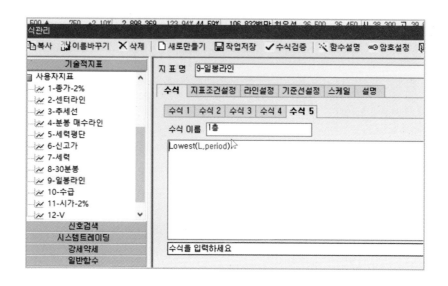

　　수식 5번은 1층이고 Lowest(L, period) 수식입니다. 자, 그러면 지
금 수식에서 1번, 2번, 3번, 4번, 5번에 5층부터 4층, 3층, 2층, 1층, 5
개를 적어놓았습니다.

그다음에는 수식이 끝났으니 2번째 지표 조건 설정을 눌러 아래 빈칸에 Period 597이라고 앞의 자료처럼 적습니다. 그 후 라인 설정으로 들어갑니다. 5층부터 1층까지 5개 표시가 되어 있고 5, 4, 3, 2, 1이 나옵니다.

그러면 5층을 누릅니다.

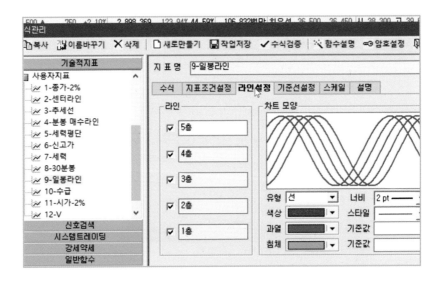

그럼 우측의 색상에서 빨간색으로 바꿔주고 너비는 포인트를 3포인트로 해주기를 바랍니다. 4층도 색상을 빨간색으로 하고 3포인트로 해주고 다음으로 3층도 누르세요. 3층도 빨간선으로 바꿔주고, 3포인트로 합니다. 또한 2층도 1층도 빨간색이고 너비는 3포인트로 합니다. 그럼 5개의 빨간선이 나옵니다.

그리고 5번째에 있는 스케일로 가서 가격에 표시합니다. 그러고 나서 수식 검증을 했을 때 작은 팝업창에 '수식에 이상이 없습니다' 라고 나와야 합니다.

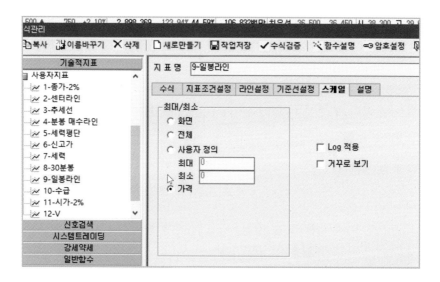

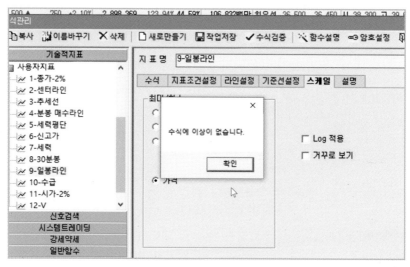

만약에 수식에 이상이 있으면 어디 부분에 이상이 있다고 나오는데, 아마 대부분이 여러분들이 수식을 쓸 때 사소한 세미콜론(;)이 빠졌다든가, 괄호( )가 빠졌다든가, 콤마(,)가 빠졌다든가 하는 아주 미세한 부분일 것입니다.

틀린 부분을 잘 찾아봐야 합니다. 한 자만 틀려도 진행이 안 됩니다. 틀린 부분이 있으면 수식 검증을 눌러도 수식 3이 틀렸다 하는 식으로 틀린 부분이 나옵니다. 그러면 수식 3에 가서 자세히 비교해서 빠진 것 하나하나를 보세요. A-B 괄호( ) 닫고 ÷4세미콜론(;), 이렇게 변경해야 합니다.

그다음, 마지막에 작업 저장을 꼭 눌러야 합니다. 그러면 사용자 지표에 9-일봉 라인으로 나옵니다. 일봉 라인 앞에 4라고 쓰면 4-일봉 라인으로 나옵니다.

그런데 주의할 점이 있습니다. 스케일은 가격에 넣고 수식 검증은 '수식에 이상이 없음'이 나와야 하며, 작업 저장을 누르고 '닫기'를 해야 합니다.

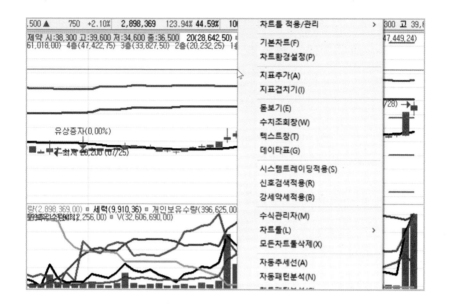

일봉 차트에서 우클릭을 합니다. 그다음에 지표 겹치기에 들어갑니다. 9-일봉 라인 팝업창이 나오면 적용을 누릅니다. Y축 표시 방법 팝업창이 나옵니다. 그러면 오른쪽에 Y축 표시, 혹은 다음 지표와 Y축 공유, 이 둘 중 하나가 본인 컴퓨터에 맞으니 둘 중 하나, 맞는 것을 선택하세요.

스케일 차이 때문에 컴퓨터마다 다르기에 이같이 하는 것입니다. 오른쪽에 표시할 때는 그냥 확인만 누르면 되고, 다음 지표 Y축 공유할 때는 아래에 종목명, 이 부분을 한 번 눌러주고 확인을 눌러줘야 합니다.

20 + 4라는 것은 여기 검정선과 4층 빨간선과 만나는 지점에서 바로 이 부근의 가격대에 왔을 때 매수해주라는 20+ 역사적 지지와 저항을 말하는 의미입니다.

20은 20일 가격이동평균선이고, 검정선입니다. 역사적 지지와 저항선입니다. +에 4가 붙어 있습니다. 이것이 바로 불끈봉 일봉상 20 +4 역사적 지지와 저항라인을 만드는 법입니다. 4는 4층 지금 5개 라인이 바로 4입니다 1, 2, 3, 4층 바로 5개 라인으로 만든 4층입니다.

불끈봉 동영상 온라인 강의 커리큘럼

■ 불끈봉 동영상 강의 커리큘럼(32강-16시간) ■

1강 분봉 매수 라인 만드는 법, 불끈봉 조건검색식

2강 불끈봉 일봉상 20+4 역사적 지지와 저항라인 만드는 법

3강 불끈봉 세미, 상단 시초가 매수 타점 잡는 법

4강 분봉 매수 라인 수급 초록선 차트 만드는 법, GRSCD의 의미

5강 분봉 매수 라인과 수급 초록선 차트로 진입 신호 포착하기 및 장전 1, 2, 3 단계 예상 체결 등락률 분석법

6강 종가 매매 선취매하는 3가지 조건과 시외단일가 매도법

7강 일봉과 분봉 차트를 보며 종가 매매·매수 타점 흐름 타는 법

8강 불끈봉 종목이 4개 이상 검색된 날 장중 단타 매매 미니차트로 낚시 매매하는 법 및 7분선 매도법

9강 일봉상 세력선, 일명 검정선 만들어서 20+4와 상승 종목 선정하는 법(7분선 매도법 보충)

10강 일봉상 세력 평단 차트 만드는 법과 세력도 손해 보는 구간이 있다, 호가창

주식 불끈봉 비법서

제1판 1쇄 2024년 8월 16일

지은이 조홍서
펴낸이 한성주
펴낸곳 ㈜두드림미디어
책임편집 최윤경, 배성분
디자인 디자인 뜰채 apexmino@hanmail.net

㈜두드림미디어
등 록 2015년 3월 25일(제2022-000009호)
주 소 서울시 강서구 공항대로 219, 620호, 621호
전 화 02)333-3577
팩 스 02)6455-3477
이메일 dodreamedia@naver.com(원고 투고 및 출판 관련 문의)
카 페 https://cafe.naver.com/dodreamedia

ISBN 979-11-94223-03-0 (03320)